中学校国語科

「個別最適な学び」と
働的な学び」の
的な充実を通じた授業改善

田中洋一 監修

鈴木太郎 編著

第 2 学年

明治図書

監修の言葉

　現行学習指導要領（平成29年告示）が全面実施されて2年が経過した。全国の中学校で学習指導要領の趣旨を受け，工夫された授業が展開されつつある。もとより日本の教育は生徒のために努力を惜しまない勤勉な先生方に支えられている。したがって，学力の三要素である「基礎的な知識及び技能」「課題を解決するために必要な思考力，判断力，表現力その他の能力」「主体的に学習に取り組む態度」をバランスよく育てる授業は確実に増えているのである。

　しかしながら社会の変化は激しく，人々の価値観は多様化している。学習指導要領が告示されてから6年の時間が流れている。学習指導要領に示されている教育理念は変わらなくても，生徒や保護者の方々に満足してもらう教育の在り方は，常に具体的に見定めていく必要がある。社会の変化や人々の価値観の多様化に応じて，教育の重点化すべきことを十分に検討し，適切に対応していくことが大切なのである。

　現在，私たちが最も注視すべきは，中央教育審議会「『令和の日本型学校教育』の構築を目指して〜全ての子供たちの可能性を引き出す，個別最適な学びと，協働的な学びの実現〜（答申）」（令和3年1月26日）に示された教育観である。ここで述べられている「個別最適な学び」や「協働的な学び」は新しい概念ではない。力量のある教師なら以前から自分の授業に取り入れてきたことである。しかし，21世紀の社会の有り様の中で，改めて教師が意識すべきこととして位置付けられ，これらを通して「主体的・対話的で深い学び」を実現させることが強調されているのである。そのことに十分留意しなければならない。

　本書の編集の基本的理念はそこにある。日常の授業の中で，「個別最適化」と「協働的学び」を一体的に充実させ，全ての子供たちの可能性を引き出すことを強く意識し，授業改善を図ることを目指し，そのための具体例を示したのが本書である。

　編著者は，文部科学省教科調査官である鈴木太郎氏である。鈴木太郎氏は東京都の中学校教師として，優秀な実践家であった経歴をもち，令和4年度から文部科学省において日本の国語教育をリードする立場になられた新進気鋭の教育者である。これから日本の国語教育を背負う鈴木太郎氏が，冷静な眼で授業を分析し，編著した書なのである。

　執筆に当たったのは21世紀国語教育研究会に所属する先生たちである。この会には東京都を中心とする中学校の，管理職を含む国語科教師が研究のために集っている。発足から19年，会員数約130名の組織であり，月に一度の定例会や年に一度の全国大会，執筆活動などで研究を深めている。鈴木太郎氏も本会の会員である。常に生徒の意欲を引き出し，言語を駆使して思考力や判断力を高める授業を工夫している。その研究成果の一端を示す書でもある。本書が，国語科教育に携わる全国の先生方のお役に立てば幸いである。

監修者　東京女子体育大学名誉教授／21世紀国語教育研究会会長　　田中　洋一

CONTENTS

1章

国語科の授業改善と
「個別最適な学び」と「協働的な学び」の
一体的な充実

Ⅰ　教育改革の方向と授業改善

　21世紀も5分の1が終わった。世の中が急速な変化を遂げつつあることを，私たちは実感している。教育は世の中が変わればすぐに変えなくてはいけないものではない。むしろ伝統を重んじる日本の教育論は，流行よりも不易の部分を大事にしてきたように思う。たしかに先人が築いてきた日本の教育には素晴らしいものが多いといえる。しかしながら21世紀における時代の変化はかつてないほど激しく，日本の教育も大きく転換せざるを得ない様相になっていることも事実である。

1　教育改革の方向

　21世紀の社会を展望して，そこで生きる人たちへの教育にふさわしい教育課程を示そうとしたのが平成10年版（1998年版）学習指導要領であった。それはまさに21世紀の入り口に当たる時期であった。その時点で21世紀は次のような社会になるであろうと予想されていた。
　①多くの人が高等教育を受ける社会
　②長寿社会
　③科学技術の進歩の速い社会（コンピュータが万能に近い働きをする社会）
　④価値観の多様化した社会
　これらについて20年以上が経過した現在，実際に世の中がどのように変化したか，またそれに応じて教育はどのように変化してきたのか，また今後の教育はどうあるべきかについて述べてみたい。

(1) 多くの人が高等教育を受ける社会

　現在，高等学校への進学率は，ほぼ100％に近くなり，高校卒業後も専門学校まで含めれば進学率は70％を超えるようになった。大学院の修了者も増加する傾向にある。多くの人が望めば高等教育を受けられる時代なのである。しかし日本でも昔からこのような状況であったわけではない。今から70年ほど前の1950年代半ばには，中学校卒業生のうち約4割が直接就職していたという事実がある。現状からは想像がつきにくいことである。高等学校への進学率が低かった時代に当時の中学校教師の多くは，義務教育修了直後に社会の即戦力として働く生徒の育成を想定する傾向があった。子どもにできるだけ多くの知識を教え，大人と一緒に働けるように大人のミニチュア版を作ろうとしたのである。それに対し，進学率が飛躍的に向上した現在は，義務教育で教育が完結するのではなく，より高度な教育を受けて開花する資質・能力が求められるようになっている。

　昭和30年代後半からは高度経済成長とともに高学歴化が進んだが，それは，より高度な学問を学ぶための基礎・基本を育成する教育という理念にはなかなかつながらず，有名校への進学を強く意識する受験指導に注力する教育が主流となった。入試に強く，有名校に進学できるこ

とが優秀な生徒と評価される条件になったのである。昨今，入試の在り方も議論され，徐々に様相が変わりつつあるが，それでも入試はペーパーテストが中心であり，その大半は知識・技能を評価する問いである。したがって受験対策を重視した学習は暗記主体のものになりがちであった。それに反して学習者の興味や関心を中心にした授業が提唱されたこともあったが，それらの多くは生徒の自由な活動に任せすぎた傾向があり長続きしなかった。このことが教育論の混乱をもたらした。現在は，教師が教えて生徒が覚えることと，生徒自身が自ら考えることのバランスこそ大事であるという当たり前の結論に至っている。そのきっかけになったのが平成18年（2006年）に改正された学校教育法である。

学校教育法第30条第2項（小中共通）
「前項の場合においては，生涯にわたり学習する基盤が培われるよう，基礎的な知識及び技能を習得させるとともに，これらを活用して課題を解決するために必要な思考力，判断力，表現力その他の能力をはぐくみ，主体的に学習に取り組む態度を養うことに，特に意を用いなければならない。」

　ここでは，知識及び技能と思考力，判断力，表現力等，さらに主体的に学習に取り組む態度を学力の三要素として捉え，バランスよく育成していくことを目標とする教育を求めている。これと同様の趣旨が平成20年版学習指導要領の総則にも示されたことで，今日の教育の明確な指針となっている。
　従来の日本の教育を評価するなら，「知識及び技能」に関しては日本の子どもたちは優秀であり，「思考力，判断力，表現力等」については課題が大きいとされた。2000年から続くPISA調査でも，日本の子どもは自分の考えを自分の言葉で表現する課題に弱いことが当初から指摘され，現在でもそれが克服されたとは言い難い。また，「主体的に学習に取り組む態度」については児童・生徒が集団内で二極化していると評価される。
　学校教育法に示された「学力の三要素」は，相互に関連して伸張するものである。「知識及び技能」は教師が教えることで効率的に育つ力といえるが，生徒は棒暗記に陥りがちであり，日常生活の課題解決や他教科の学習に使える知識にはなかなかならない。知識は活用できるものとして身に付けさせる必要がある。「思考力，判断力，表現力等」と「主体的に学習に取り組む態度」は，生徒が主体的に関わる学習活動によって育つ性質のものである。この点における授業改善が求められるところである。

(2) 科学技術の進歩の速い社会（コンピュータが万能に近い働きをする社会）

　科学技術の進歩については先生方ご自身の仕事の仕方も大きく変化しているので，実感されておられることであろう。21世紀はSociety 5.0の世界であるといわれている。

1.0 狩猟社会　　2.0 農耕社会　　3.0 工業社会　　4.0 情報社会

5.0 ロボット，人工知能，ビッグデータ等の先進技術を活用し新たな価値を創出する社会

　囲碁も将棋も人工知能がプロ棋士を脅かす世の中である。20世紀に存在した職業が様変わりをしている。それに合わせてGIGAスクール構想が策定されている。そもそもGIGAスクール構想に至る社会分析には次のような識者の考えが背景にあることを認識しておきたい。

○労働者が財やサービスを提供すること自体はさほど付加価値を生まなくなり，マーケティング，研究開発，ビジネスモデルの構築こそが高い付加価値を生む。つまり知的労働の価値が高まり，「頭脳資本主義」が進展する。（神戸大学名誉教授　松田卓也）
○頭脳資本主義が本格的に到来すれば，今後の人口減少は直接的な問題でなくなる。教育レベルを引き上げ，研究開発を促進して「頭脳」を高めることで克服できる。
　その一方で頭脳資本主義は格差という深刻な問題を生じさせる。頭脳を振り絞って稼ぎまくる人と，肉体を酷使して安い賃金に甘んじる人に分けられる。（駒澤大学准教授　井上智洋）
○アメリカでは既に，コールセンターや旅行会社のスタッフといった中間所得層が従事する「事務労働」が増大し，労働市場の二極化が起きている。日本の労働市場も，徐々に「事務労働」では雇用が減り，肉体労働では人手不足が解消されなくなる。これが2030年頃まではだら状態が続き，これ以降は全面的かつ長期的な雇用減少が起きる可能性がある。（井上）
○今後，十分なスキルをもたないために雇用されない人々からなる巨大な「不要階級」が形成される。（イスラエル歴史学者　ユヴァル・ノア・ハラリ）

　このような学者たちの論がある中で，日本の世界デジタルランキングは29位という現実がある。したがって，日本経済の国際的な遅れは避けられないというのが経済界の見方である。このような状況において，日本の子供たちにもコンピュータを駆使できる力をつけたいという強い願いがある。これは妥当な願いである。
　しかしながら私たち国語の教師は，現行の学習指導要領に基づいて教育を実践するのであるから，学習指導要領に示された目標や内容にしたがった授業を行うのであり，目標の実現状況を見る評価をすることになっている。これらのこととICTを使いこなす生徒の育成という目標との混同ははっきりと戒めたい。国語科の授業はICTに堪能な子どもを育てるために行うのではなく，ICTを駆使することによって，授業の効率をよくしたり内容の充実を図ったりすることを目指しているのであり，学校全体の教育活動によって結果的にICTに強い生徒が育つのである。

本書が提言する事例に共通する考え方は，中央教育審議会答申「『令和の日本型学校教育』の構築を目指して〜全ての子供たちの可能性を引き出す，個別最適な学びと，協働的な学びの実現〜（答申）」（令和３年１月26日）に示された方針によっている。この答申の内容については14ページから，本書の編著者である鈴木太郎氏が詳述しているので，ここでは簡単に触れるだけにするが，同答申では，個別最適な教育の実現のために，ICTの活用を協働的な学びとともに授業展開の重要な事項として位置付けている。しかし，それと同時に，「二項対立の陥穽に陥らない」として，デジタルとアナログの両方のよさを適切に組み合わせることの大切さを示している。そして，改革に向けた六つの方向性のうちの一つに「これまでの実践とICTとの最適な組み合わせ」の実現を挙げているのである。これはICTの導入にブレーキをかけているのではなく，目的と手段の混同に警鐘を鳴らしているのである。

　この答申を受けて，本書の事例にはICTの活用を授業の展開上重要な手段として位置付けているが，あくまでICTは学習指導要領国語に示された生徒の資質能力を育成するための適切な方法として選択し，提案している。

　なおICTの進歩は著しく，教育におけるICTの在り方を論じている間に，ICTの性質も能力も日進月歩で向上している。したがって議論すべき内容も日々変化している。現在はChatGPTが新たに登場し，教育の世界での使われ方が議論されている。教育におけるICTの功罪については早急な議論が求められているところである。

　また，現在，導入が決まっているデジタル教科書についての情報をまとめると次のようになる。（文部科学省「個別最適な学びと協働的な学びの一体的な充実に向けた教科書・教材・ソフトウェアの在り方について〜中間報告〜」令和４年11月21日 より）

①令和６年度より小学校英語教科書が新版になる。そこからデジタル教科書を導入する。
②令和６年度に中学校英語はまだ現行版であるが，小学校に合わせてデジタル教科書を導入する。令和７年度は新版のデジタル教科書になる。
③次にニーズの高い「算数・数学」で導入する。（時期未定）
④また外国人児童生徒へのアクセシビリティーなど，潜在的なニーズから「国語」でのデジタル教科書の必要性も高いと考える。（時期未定）
⑤当面は紙とデジタルのハイブリッドで授業する。児童・生徒が選べるようにすることも大切である。
⑥子供たちの学びの選択肢を増やしていくために，教科書のみならず教材やソフトウェアの様々な選択肢をどのように整えていくかという観点で今後も議論していく必要がある。
⑦デジタル教科書だけでなく，教材・ソフトウェアのアクセシビリティーも検討課題である。
⑧デジタル教科書と教材の連携を考える上で，MEXCBTや学習eポータルとの連携の在り方について検討が必要である。

いずれにしてもデジタル教科書の導入は近い将来確実になされる。これを活用した授業は教材提示や授業展開において大きく変化することになり，教師はそれも工夫していく必要があるが，現在のICT活用の中にも多くのヒントがあることに留意しておきたい。

(3) 長寿社会

医療の発達や衛生環境の改善等により，日本では確実に平均寿命が延びている。このことも学校教育の在り方に大きな影響を与えている。すなわち学校を卒業してからの人生がかつてないほど長くなったのである。大学院まで学んでもそれから60年の人生が待っている。それに加えて現在は人類史上かつてないほど変化の速い社会が到来している。この両者を合わせて考えると，卒業時に学校で学んだことを，貯金を引き出すように使いながら生きていくことの難しさが分かる。人生において困難な課題に遭遇することは必ずあるが，人生が長く，かつ変化が激しければ，困難との遭遇も頻度を増し，内容も多様化することであろう。学校で学んだ公式では解決できない課題が社会にも家庭にも多くなることが想像できる。そこで必要なのは，課題に正対して知識を活用し，思考して解決する力である。そういう意味でも知識に偏るのでなく，課題を分析・対応するための思考力を育成すると同時に，困難にもめげずに解決策を見いだす粘り強さや，課題に対応するだけでなく，日頃から自らを高めようとする向上心の育成が求められるのである。

また，生徒が卒業後の長い期間に充実した人生を送るために，教師は各教科の内容に興味・関心をもたせることに注力する必要がある。各教科特有の魅力を授業の中で十分に味わわせ，教科内容に親しみや有用性を感じさせることが大切である。国語で言えば，「読む」「書く」「話す」「聞く」の言語活動の楽しさを味わい，それを生活の中でも進んで生かす態度を育てることが肝要である。たとえ国語のテストでよい点数が取れても，学校の勉強以外で一切読書をしない生徒よりも，気軽に図書館に行って文学を楽しんだり調べごとをしたりする生徒の方が豊かな人生を送れるであろう。同様に，気軽に遠方の友に手紙（メール）を書いたり，人と楽しくコミュニケーションを取ったりする生徒を育てていきたいのである。

(4) 価値観の多様化した社会

「主体的・対話的で深い学び」「協働的な学び」等の語が教育のキーワードになっている。本書もこれらの学びを含めた授業を提案している。これらの学びの前提は，人間は一人一人考えが異なるものであるということである。これはごく当たり前のことであるが，知識・技能の習得を中心に据えた教育では，真実という名の正解があり，生徒の解答は常に正答と誤答に峻別されている。それに対して，思考・判断は本来，個人的なものであり，個性の問題でもある。したがって思考・判断の力を育てるためには，多様な意見が許容できる課題の設定や自由に意

見が言える授業展開の工夫が必要なのである。

　例えば「４×６はいくつか」という算数・数学の問いは，このままでは協働的な学びにはならない。解は「24」しかないので，すぐに正答と誤答に峻別できてしまう。これをグループで話し合わせても，単なる答え合わせになってしまう。協働的な学びの本質は，他者の考えに触れ，自分の考えを深めることにあるのだから，少なくとも多様な考えがもてる問いにする必要がある。この場合も「24になる式を考えよう」とすれば多様な答えが許容されるし，「４×６＝24の式が活用できる文章題を作ってみよう」とすれば，もっと多様な意見が提示される。これであれば本来の協働的な学びが実現する。また，その中で「最も解きにくい文章題を作ろう」という条件を設定すれば，意見を交流する際の方向性も明らかになり，一層深い協働的な学びが実現できる。このように多様な考えが許容できる課題が大切なのである。

　前述の中央教育審議会答申「『令和の日本型学校教育』の構築を目指して」では，個別最適な学びの実現のために「『正解主義』と『同調圧力』」からの脱却を求めている。暗記を最大の目標にする授業は，一つの正解を求める活動に終始しがちだが，思考力や判断力を養う授業は多様な意見をお互いに認め合うことができ，それが生徒の主体性を引き出すことにもつながるのである。

　協働的な学びの展開の仕方の基本は次のようなものである。まず，生徒にそれぞれ自分の考えをもたせる。その考えをもって交流の場面に臨ませる。そこで他者の多様な意見を聞き，自分の意見を再構築したり深めたりする。この流れによって協働的な学びが成立する。したがってその形態は「個→集団→個」となることが基本である。課題に対して自分の意見をもつために十分な考察をすることがなければ，他者の意見のよいところも分からないであろう。また自分の意見をもたずにグループ活動に入れば，声の大きい生徒に同調してしまうことになるからである。また，協働的な学習の話し合いは必ずしも一つの結論を導き出すためのものではないので，拙速に「班の意見」などを求めないようにすることも大切である。

　なお，協働的な学びを成立させるには，話し合い活動を通すだけでなく，書物やインターネットによって他者の意見に触れることでも可能である。しかし，自分の考えをもつことが前提であることは同様である。

　以上の授業改善の方向性の中で国語科の授業の在り方も考えていくべきである。本書で提案する授業が読者の授業の充実に資することを期待している。

（田中　洋一）

II 「個別最適な学び」と「協働的な学び」の一体的な充実を

　中央教育審議会「『令和の日本型学校教育』の構築を目指して～全ての子供たちの可能性を引き出す，個別最適な学びと，協働的な学びの実現～（答申）」（令和3年1月26日，以下「令和3年答申」）は，「はじめに」で次のように述べている。

　　本答申は，第I部総論と第II部各論から成っている。総論においては，まず，社会の変化が加速度を増し，複雑で予測困難となってきている中，子供たちの資質・能力を確実に育成する必要があり，そのためには，新学習指導要領の着実な実施が重要であるとした。その上で，我が国の学校教育がこれまで果たしてきた役割やその成果を振り返りつつ，新型コロナウイルス感染症の感染拡大をはじめとする社会の急激な変化の中で再認識された学校の役割や課題を踏まえ，2020年代を通じて実現を目指す学校教育を「令和の日本型学校教育」とし，その姿を「全ての子供たちの可能性を引き出す，個別最適な学びと，協働的な学び」とした。(p.1，2)

　ここで述べているように，令和3年答申は，総論において，現行の学習指導要領を着実に実施するための新たな学校教育の姿を「令和の日本型学校教育」とし，その姿を「個別最適な学び」と「協働的な学び」というキーワードを用いて具体的に描き，目指すべき方向性を社会と共有しているのである。そして，次の一文にあるように，「個別最適な学び」と「協働的な学び」を一体的に充実することを通して，学習指導要領のキーワードの一つである「主体的・対話的で深い学び」の実現に向けた授業改善を図ることの必要性を示している。

　　各学校においては，教科等の特質に応じ，地域・学校や児童生徒の実情を踏まえながら，授業の中で「個別最適な学び」の成果を「協働的な学び」に生かし，更にその成果を「個別最適な学び」に還元するなど，「個別最適な学び」と「協働的な学び」を一体的に充実し，「主体的・対話的で深い学び」の実現に向けた授業改善につなげていくことが必要である。(p.19)

　令和3年答申の各論が，総論で描いた「令和の日本型学校教育」の実現に向けた具体的な方策を述べているように，「令和の日本型学校教育」を実現するためには，今後，様々な学校教育の在り方を改善していくことが必要である。その一方で，今，令和3年答申が示している「個別最適な学び」と「協働的な学び」の一体的な充実という学びの姿について考えることは，各学校が取り組んでいる授業改善の一層の推進に役立つものであると考えられる。

　では，中学校国語科の特質に応じ，地域・学校や生徒の実情を踏まえながら，授業の中で「個別最適な学び」と「協働的な学び」を一体的に充実し，「主体的・対話的で深い学び」の実現に向けた授業改善につなげていくとはどのようなことなのだろうか。以下，中学校国語科の授業に即し，令和3年答申の内容を確認しながら考えてみよう。

1 「個別最適な学び」と中学校国語科の授業

令和3年答申では，「個別最適な学び」の具体的な在り方として「指導の個別化」と「学習の個性化」を示している。そこで，まずは令和3年答申が示す「指導の個別化」と「学習の個性化」を確認しながら，中学校国語科の授業の在り方を考えていくことにしよう。

(1) 「指導の個別化」と中学校国語科の授業

「指導の個別化」について，令和3年答申は，次のように述べている。

全ての子供に基礎的・基本的な知識・技能を確実に習得させ，思考力・判断力・表現力等や，自ら学習を調整しながら粘り強く学習に取り組む態度等を育成するためには，教師が支援の必要な子供により重点的な指導を行うことなどで効果的な指導を実現することや，子供一人一人の特性や学習進度，学習到達度等に応じ，指導方法・教材や学習時間等の柔軟な提供・設定を行うことなどの「指導の個別化」が必要である。(p.17)

ここでは，「指導の個別化」の目的が「全ての子供に基礎的・基本的な知識・技能を確実に習得させ，思考力・判断力・表現力等や，自ら学習を調整しながら粘り強く学習に取り組む態度等を育成するため」と，学習指導要領において三つの柱で整理された資質・能力の確実な育成であることを明確に示している。このことを前提に，例示されている「指導の個別化」の考え方に基づいて，国語科の授業における指導の工夫の例を考えてみよう（【表1】参照）。

【表1】

「指導の個別化」の考え方（例）	国語科の授業における指導の工夫（例）
支援の必要な子供により重点的な指導を行うことなど。	（例1）　単元の評価規準について，「Bと判断する状況」を想定するとともに，「Cと判断する状況への手立て」を想定して授業に臨み，実際の学習活動に即して目標に準拠した評価を行い，Cと判断する状況に該当する生徒に対して適切な手立てを講じるなど。
子供一人一人の特性や学習進度，学習到達度等に応じ，指導方法・教材や学習時間等の柔軟な提供・設定を行うことなど。	（例2）　生徒の特性や学習進度，学習到達度等に応じて数種類のヒントカードやワークシート等を作成し，一人一人に適したものを使用させるなど。 （例3）　学校の授業では単元Aの途中まで学習を進め，別の単元Bの学習に入る。その間，家庭学習等を活用して各自の学習進度等に応じて単元Aの学習を継続する。単元Bの終了後等に，学校の授業で単元Aにおけるその後の学習を進めるなど。

※上記は，令和3年答申が示している「指導の個別化」の考え方をもとに，中学校国語科における指導の例として考えられるものの一部を示したものであり，この他にも様々な指導の工夫が考えられる。

【表１】の（例１）のような指導の工夫は今までも実践されてきたものであり，「『指導と評価の一体化』のための学習評価に関する参考資料【中学校国語】」（令和２年３月　国立教育政策研究所）に掲載している各事例でも，具体的な指導の例を示している。最近では，ICTの活用により一層効果的に実践する事例も見られる。例えば，生徒が１人１台端末により文章を入力した後，共同編集機能を用いて互いに文章を読み合い，助言をコメントとして入力し合うような場面で，教師も生徒の文章を読み，単元の評価規準に基づいて評価し，「Ｃと判断する状況への手立て」として個別のコメントを入力することで指導する実践や，提出機能により提出された生徒の作品等にコメントを付けて戻し，再提出させるような実践などである。（生徒の学習状況を確認し，複数の生徒に同じようなつまずきが見られるような場合には，気を付けるべき点や改善点について，つまずきに応じたグループを編成してグループ別に指導したり，学級全体に指導したりすることが効果的な場合もある。生徒の学習状況を把握し，その課題に応じて適切な指導を行うことで，目標とする資質・能力の確実な育成を図ることが大切である。）

　【表１】の（例２）のような指導の工夫は，これまで紙媒体で実践されてきたが，ICTの活用により，例えば，生徒のつまずきを想定して数種類のヒントカード等を電子データで作成し，分かりやすいタイトルを付けて共有フォルダに保存しておき，生徒の学習状況に適したヒントカード等を１人１台端末で参照させることもできるようになった。ヒントカード等の他にも，スピーチの話題や意見文の題材等に関する新聞記事等の資料を，電子ファイルとして共有フォルダに保存しておき，生徒の学習状況に応じて，必要な資料を参照させることも考えられる。ヒントカード等を使用する場面は，単元の序盤・中盤において学習の進め方がうまくいかない生徒の状況に応じて用いるような場合もあれば，単元の終盤において全体で取り組む学習が早く終わった生徒に発展的な課題に取り組ませるような場合もあるだろう。

　「学習時間等の柔軟な提供・設定」については，これまでは，授業時間内に学習を終えられなかった場合に，個別に家庭学習で取り組むことを課したり，昼休みや放課後等の時間を活用した補充学習等を行ったりすることが多かったのではないだろうか。これは，全ての生徒が同じ進度で学習を行うことを前提として計画を立て，計画通りに学習を終えられなかった生徒に授業時間外の学習を補充するという考え方といえる。しかし，そもそも一人一人の特性や学習進度，学習到達度等が異なっているという前提に立つことで，【表１】の（例３）の単元Ａのように，学習目標の達成を目指して一人一人が家庭学習等を活用しながら学習時間を調整できるように単元の計画を工夫することも考えられるだろう。また，従来から取り組まれてはいるが，単元の学習内容に応じて，事前に教材文等を読んで気になる語句の意味や分からない事柄等について調べたり，スピーチや意見文等の話題や題材について情報を収集したりするなどの予習や，学習内容の振り返り等を行う復習に関する指導の在り方も，「指導の個別化」という点から捉え直し，充実させていくことが重要である。

　いくつかの例を挙げたが，大切なのは，授業に参加している多様な生徒一人一人の特性や学

習進度，学習到達度等を踏まえ，指導方法・教材や学習時間等を柔軟に提供・設定することや，支援の必要な生徒により重点的な指導を行うことで，全ての生徒が必要な資質・能力を身に付けられるようにすることである。

(2) 「学習の個性化」と中学校国語科の授業

「学習の個性化」については，令和３年答申は，次のように述べている。

　基礎的・基本的な知識・技能等や，言語能力，情報活用能力，問題発見・解決能力等の学習の基盤となる資質・能力等を土台として，幼児期からの様々な場を通じての体験活動から得た子供の興味・関心・キャリア形成の方向性等に応じ，探究において課題の設定，情報の収集，整理・分析，まとめ・表現を行う等，教師が子供一人一人に応じた学習活動や学習課題に取り組む機会を提供することで，子供自身が学習が最適となるよう調整する「学習の個性化」も必要である。(p.17)

「指導の個別化」は，学習指導要領が示す資質・能力を全ての生徒に確実に育成するための指導の工夫と考えることができる。そして，「学習の個性化」は，一人一人の生徒が自らの興味・関心・キャリア形成の方向性等に応じて主体的に学習に取り組むことで，自らの資質・能力や個性等をさらに伸ばしていくことを大切にする学習の在り方と考えることができるだろう。当然，どちらも，学習指導要領が示す資質・能力の育成を図る上で重要となる考え方である。そこで，中学校国語科の授業において，生徒の興味・関心・キャリア形成の方向性等に応じ，生徒一人一人に応じた学習活動や学習課題に取り組む機会を，どのように提供することができるかについて考え，いくつかの例を【表２】に示した。

　例えば，【表２】の（例１）や（例２）のような場合，生徒が自らの興味・関心・キャリア形成の方向性等に応じて，社会生活から話題や題材を設定し，情報を収集しながら内容を検討する学習活動を設定することが考えられる。このような学習を行う際には，突然，ある日の国語の授業で「社会生活から，話題（題材）を設定し，情報を収集しましょう」などと生徒に伝えるのではなく，生徒が見通しをもって学習に取り組むことができるよう，自らの興味・関心に基づく課題や，職業や自己の将来に関する課題等を踏まえて取り組む総合的な学習の時間における探究的な学習，特別活動における「一人一人のキャリア形成と自己実現」に関する学習等と関連付けたカリキュラム・マネジメントを行うことが重要である。

　また，【表２】の（例３）から（例５）までのような場合，生徒一人一人が自らの興味・関心・キャリア形成の方向性等に応じて，様々な資料，詩歌や小説，報道文等を選ぶであろう。このような際も，ICTを活用することで，従来よりも幅広く生徒が自らに適した文章を選ぶことができる。なお，このような学習を効果的に行うためには，日頃から様々な文章に接することができるように，学校生活全体における言語環境の整備や読書活動の充実等が大切である。

いくつかの例を挙げたが，これらの学習において，うまく学習を進めることが難しい場合には，「指導の個別化」の例で挙げたように，それぞれの生徒の状況に応じて，話題や題材を設定したり情報を収集したりできるような指導を工夫することが大切である。このように，「指導の個別化」と「学習の個性化」とは相互に関連し合って，効果的な指導や学びが実現されていくものと考えられる。実際の指導に当たっては，学習指導要領が示す資質・能力の確実な育成を図るとともに，生徒一人一人の個性等を生かしながらその資質・能力をさらに伸ばすことができるように，各学校の実態等に応じて柔軟に指導を工夫できるようにしたい。

【表2】

	重点的に指導する指導事項の例	言語活動の例
（例1） A話すこと・聞くこと 第3学年	目的や場面に応じて，社会生活の中から話題を決め，多様な考えを想定しながら材料を整理し，伝え合う内容を検討すること。（A(1)ア）	関心のある社会的な問題について自分が考えた提案や主張をスピーチする。 （関連：A(2)ア）
（例2） B書くこと 第2学年	目的や意図に応じて，社会生活の中から題材を決め，多様な方法で集めた材料を整理し，伝えたいことを明確にすること。（B(1)ア）	関心のあるニュースについて考えたことを意見文にまとめ，新聞に投書する。 （関連：B(2)ア）
（例3） C読むこと 第1学年	<u>目的に応じて必要な情報に着目して要約したり</u>，場面と場面，場面と描写などを結び付けたりして，内容を解釈すること。（C(1)ウ） ※特に下線部の内容を指導	学校図書館等を利用し，興味のあるテーマに関する資料から情報を得て，自分が紹介したい内容をリーフレットにまとめる。（関連：C(2)ウ）
（例4） C読むこと 第2学年	文章を読んで理解したことや考えたことを知識や経験と結び付け，自分の考えを広げたり深めたりすること。（C(1)オ）	学校図書館等で気に入った詩歌や小説などを探して読み，考えたことを伝え合う。（関連：C(2)イ）
（例5） C読むこと 第3学年	文章の構成や論理の展開，表現の仕方について評価すること。（C(1)ウ）	関心のあるニュースについて報道した文章を比較して読み，考えたことを文章にまとめる。（関連：C(2)ア）

※上記は，令和3年答申が示している「学習の個性化」の考え方を参考にして構想した単元において，重点的に指導する〔思考力，判断力，表現力等〕の指導事項と言語活動の例を示したものであり，この他にも様々な指導の工夫が考えられる。

(3) 「個別最適な学び」と「個に応じた指導」

　ここまで，「指導の個別化」と「学習の個性化」という点から，中学校国語科における学習活動の充実の方向性について考えてきた。令和3年答申では，「『指導の個別化』と『学習の個性化』を教師視点から整理した概念が『個に応じた指導』であり，この『個に応じた指導』を学習者視点から整理した概念が『個別最適な学び』である。」（p.18）と示している。

　「個に応じた指導」については，中学校学習指導要領の第1章総則第4の1の(4)で示しているが，その内容は，これまでいくつかの例を挙げながら考えてきた中学校国語科における学習活動の充実の方向性と重なるものである。これからの学校教育では，「主体的・対話的で深い学び」の実現に向けて不可欠となる「個に応じた指導」について，教師視点から捉えるだけでなく，学習者視点から捉え直すとともに，ICTを効果的に活用するなどして授業改善を進め

ていくことが重要であろう。

2 「協働的な学び」と中学校国語科の授業

「協働的な学び」については，令和３年答申では次のように示している。

さらに，「個別最適な学び」が「孤立した学び」に陥らないよう，これまでも「日本型学校教育」において重視されてきた，探究的な学習や体験活動などを通じ，子供同士で，あるいは地域の方々をはじめ多様な他者と協働しながら，あらゆる他者を価値のある存在として尊重し，様々な社会的な変化を乗り越え，持続可能な社会の創り手となることができるよう，必要な資質・能力を育成する「協働的な学び」を充実することも重要である。
　「協働的な学び」においては，集団の中で個が埋没してしまうことがないよう，「主体的・対話的で深い学び」の実現に向けた授業改善につなげ，子供一人一人のよい点や可能性を生かすことで，異なる考え方が組み合わさり，よりよい学びを生み出していくようにすることが大切である。「協働的な学び」において，同じ空間で時間を共にすることで，お互いの感性や考え方等に触れ刺激し合うことの重要性について改めて認識する必要がある。(p.18)

現在，１人１台端末があることで，「個別最適な学び」（教師視点からは「個に応じた指導」）を従前と比べて幅広く行うことが可能となった。しかし，「個別最適な学び」だけを追求し，生徒の学びが「孤立した学び」になってしまっては，「主体的・対話的で深い学び」の実現を図ることは難しくなるだろう。したがって，中学校国語科の授業においても，自分とは異なるものの見方や考え方をもつ様々な他者と対話することで，自分の考えを広げたり深めたりする機会や，一人では気が付かなかった視点から自らの学習の状況を捉えて学習の進め方を工夫する機会などを設定し，「個別最適な学び」と「協働的な学び」を一体的に充実していくことを通して「主体的・対話的で深い学び」を実現できるようにすることが大切である。その際，対話的な学習活動が，「異なる考え方が組み合わさり，よりよい学びを生み出していくようにする」ものとなるよう，学習課題の設定やグループの編成等を工夫することが重要である。
　また，ICTを活用した対話的な活動を行う際も，形式的な対話的活動にならないよう留意することが必要である。例えば，共同編集機能を用いて各自の考えをコメントの入力で伝え合うような学習の場合，コメントの内容が理解できるものであったり，コメントを読んだ後に双方向でのやり取りができたりすれば，対話が成立し学習が深まっていくであろう。しかし，コメントの内容が理解できないものだったり，コメントの内容を確かめるための質問もできなかったりするような場合などは，対話が成立せず，学習も深まらないはずである。形式的にはICTを活用した「協働的らしい学び」であっても，実際には「主体的・対話的で深い学び」

の実現に向かっていない……ということは避けなくてはならない。

　そのためにも，生徒の学びの状況を丁寧に捉え，必要に応じて，その学びを深められるような手立てを講じることが大切である。例えば，コメントの入力内容が短く，互いの考えを十分に伝え合うことができていないと判断したら，コメントを入力した生徒同士で話し合う時間を短時間でも設定することなどが考えられる。また，グループでコメントを入力し合った後に，そのコメントをもとに話し合わせるような場合には，教師が各グループの話し合いの状況を確認しながら，コメントをもらった生徒にその意味を説明させ，コメントの意味を理解しているかを確かめたり，ある生徒のコメントが妥当かどうかを別の生徒に判断させたりして学習を深められるように指導することも重要である。いずれにしても，コメント機能を用いているから「協働的な学び」であるとか，コメントの入力ができていれば学びが深まっているなどと，形式的な面のみに着目して生徒の学習を捉えるのではなく，異なる考え方が組み合わさり，よりよい学びを生み出せるように，自校の実態や生徒の学習の状況等に応じて柔軟に学習の形態や教師の指導を工夫することが大切である。

3　「主体的・対話的で深い学び」の実現に向けた授業改善

　今，学校現場には，多様な子供たちに対して，学習指導要領が示す資質・能力を確実に育成するとともに，一人一人の個性を伸ばしていくことが求められている。そのための有効な手立てとなるのが，教科等の特質に応じ，地域・学校や児童生徒の実情を踏まえながら，「個別最適な学び」と「協働的な学び」を一体的に充実することなのではないだろうか。これは，学校の教育課程全体で取り組むとともに，これまで述べてきたように中学校国語科の授業改善としても取り組むことができるものでもある。

　その際，留意したいのは，「個別最適な学び」と「協働的な学び」が実現できたかどうかで自らの授業を振り返るのではなく，「個別最適な学び」と「協働的な学び」の一体的な充実を通して，「主体的・対話的で深い学び」が実現できたかという視点で授業改善に取り組むということである。このことは，つまり，学習指導要領が示している資質・能力を，どの程度育成することができたかということを評価する「目標に準拠した評価」を適切に行うとともに，生徒のよい点や進歩の状況等を評価する「個人内評価」を積極的に行いながら，自らの授業を振り返り，指導の改善や学習意欲の向上を図り，資質・能力の育成に生かすようにすることを意味する。引き続き，学習指導要領が示す資質・能力を丁寧に理解し，学習評価の充実を図り，指導と評価の一体化を進めていくことが肝要である。

（鈴木　太郎）

「個別最適な学び」と「協働的な学び」の
一体的な充実を通じた授業改善を図るプラン

立場を尊重して話し合おう
～討論する～

01

教材　「立場を尊重して話し合おう　討論で多角的に検討する」(光村)

1　単元について

　本単元では，討論という言語活動を通して，「互いの立場や考えを尊重しながら話し合い，結論を導くために考えをまとめる」力を重点的に育成する。その際，論題に対して異なる立場から多角的に検討することで，論点や課題，お互いの立場の考え方を踏まえ，合意形成ができる部分を明確にすることができるように指導する。

　現代の社会では，多様な価値観があり，自分と同じように考える人ばかりではない。また，たとえ考えの方向性が似ていても，考えが全て同じとは限らない。だからこそ，物事の是非や正否について他者と討論していく過程で，自分では気が付かない他者の考えに触れ，自分の考えを広げたり深めたりしながら，それまでとは異なる考えを生み出したり，他者と合意形成を図ったりすることができるのである。これは，民主主義社会を支えていく上で必要な資質・能力である。「立場を尊重して」ということから，自分とは異なる立場の考え方を受け取ろうとすることが大切である。ディベートのように勝敗を決することを目的とするものではない。

2　単元の目標・評価規準

(1)　意見と根拠など情報と情報との関係について理解することができる。〔知識及び技能〕(2)ア

(2)　目的や場面に応じて，社会生活の中から話題を決め，異なる立場や考えを想定しながら集めた材料を整理し，伝え合う内容を検討することができる。

〔思考力，判断力，表現力等〕A(1)ア

(3)　互いの立場や考えを尊重しながら話し合い，結論を導くために考えをまとめることができる。〔思考力，判断力，表現力等〕A(1)オ

(4)　言葉がもつ価値を認識するとともに，読書を生活に役立て，我が国の言語文化を大切にして，思いや考えを伝え合おうとする。「学びに向かう力，人間性等」

ICT の活用場面

[ツール・アプリ等] Google Classroom　フォーム　スプレッドシート　Jamboard　動画撮影機能
- ●事前課題　テーマ案を提出する。(Google Classroom, フォーム)
- ●第1時　学習計画 (スプレッドシート), 既習事項の復習 (Google Classroom), 情報収集。振り返り。(フォーム)
- ●第2時　意見・根拠のまとめ (スプレッドシート), グループでの協議 (Jamboard)。振り返り。(フォーム)
- ●第3時　討論部分の動画撮影 (動画撮影機能), 討論動画の視聴。改善点を考える。(スプレッドシート)
- ●第4時　討論部分の動画撮影 (動画撮影機能), 討論動画の視聴, 結論のまとめ。(スプレッドシート)

知識・技能	思考・判断・表現	主体的に学習に取り組む態度
①意見と根拠など情報と情報との関係について理解している。((2)ア)	①「話すこと・聞くこと」において，目的や場面に応じて，社会生活の中から話題を決め，異なる立場や考えを想定しながら集めた材料を整理し，伝え合う内容を検討している。(A(1)ア) ②「話すこと・聞くこと」において，互いの立場や考えを尊重しながら話し合い，結論を導くために考えをまとめている。(A(1)オ)	①粘り強く互いの立場や考えを尊重しながら話し合い，学習の見通しをもって討論しようとしている。

A
聞くこと

話すこと

B
書くこと

C
読むこと

3　単元の指導計画 （全4時間）

時	主な学習活動 ★個別最適な学びの充実に関連する学習活動 ●協働的な学びの充実に関連する学習活動	・評価規準と評価方法
1	(★地域や社会で話題になっていることから討論のテーマを考え，事前に教師に提出する。(Google Classroom, フォーム)) ★学習の目標と授業の計画を確認し，個人の学習計画を立てる。(スプレッドシート) ★既習単元 (「思考のレッスン2　根拠の吟味」「[討論] 異なる立場から考える」) における学習の振り返りを行う。(Google Classroom ヒントカードの活用) ●事前に提出された討論のテーマ案から，意見交換をして討	

	論のテーマを決め，テーマに沿った情報を集める。 ★本時の学習を振り返り，次時の学習について確認する。自己評価を行い（Googleフォーム），提出する。	
2	★集めた情報を吟味して立場を決める。 ★情報を取捨選択し，自分の意見とその根拠をまとめる。重要度の観点から順位付けをする。（スプレッドシート） ●グループで協議し，次時の討論で各自が発表する意見と根拠を検討する。その後，異なる立場の考えを想定してQ&Aを作成し，グループで共有し討論に備える。（Jamboard） ★本時の学習を振り返り，次時の学習について確認する。自己評価を行い（Googleフォーム），提出する。	［知識・技能］① <u>スプレッドシート</u> ・自分の意見を支える根拠をまとめている。 ［思考・判断・表現］① <u>Jamboard</u> ・集めた情報を整理して，異なる立場の聞き手に自分の意見を納得してもらえるように，伝え合う内容を検討している。
3	・討論の実施方法について理解する。 ・グループで討論の役割分担等の最終確認をする。 ・1回目の討論を行う。（動画撮影機能） ・討論では最後に一人ずつまとめの発言をした後，司会が結論をまとめず，各自が，ワークシートにメモした討論の記録をもとに，自分が司会だったらどのように結論をまとめるかを考え，話す言葉でワークシートに記入する。 ●適宜，撮影した動画を視聴しながら，グループで討論の進め方を振り返り，よかった点と改善点について話し合う。 ★次回の討論で改善したい点を考える。（スプレッドシート）	［主体的に学習に取り組む態度］① <u>スプレッドシート</u> ・自分たちの討論の進め方を振り返り，発言の仕方やメモの取り方などのよかった点と改善点を明確にし，次の学習でよりよい討論を行おうとしている。
4	・前時に提出されたワークシートのよくない例と，振り返りのよい例とを共有し，結論をまとめるポイント，討論の進め方のポイントを確認する。 ・2回目の討論を行う。（動画撮影機能） ★2回目の討論でも，司会が結論をまとめることはせず，各自がメモをもとに，結論をまとめる。（ワークシート） ★適宜，動画を確認しながら，討論をすることによって気付いたこと，討論の意義など学んだことについて考えをまとめる。（スプレッドシート）	［思考・判断・表現］② <u>観察・ワークシート</u> ・異なる立場の意見の背景を理解しながら話し合い，互いの考えの共通点や相違点，新たな提案を踏まえて結論をまとめている。

4 個別最適な学びと協働的な学びの充実に向けた指導のポイント

(1) 個別最適な学びを充実させる視点から

　本単元では，社会生活の中から討論のテーマを決める。そして，異なる立場や考えを想定しながら集めた材料を整理し，伝え合う内容を検討し，実際に討論する学習を行う。その際，1人1台端末を活用し，学習が最適となるように調整する機会を設けることとした。

　第1時では，単元の学習の見通しをもたせ，家庭学習等を活用して，自分が得意とする方法で，興味・関心のある資料を収集して整理しながら自分の意見を構築する学習の計画を立てさせる。そのため，学習計画表には，学校の授業での計画の他に「授業時間以外の学習」の欄を設け，次の授業までに自分が取り組みたいことを意識した上で家庭学習等の計画を立てさせた。第1時以降に適宜変更修正することも可能である。その計画に沿って，インターネット，学校の図書室，地域の図書館，新聞資料，諸メディア，自宅の資料，保護者や知人，地域の方々への取材等から，自らの興味・関心・キャリア形成の方向性等に応じて学習を工夫して進めさせ，討論のテーマに向き合わせ自分の考えを提案させることとした。一方，学校における授業では，生徒の学習意欲を向上させることができるように教師は意識して指導したい。一人一人の生徒に，どこでどのように学ばせるか，教師はいつそれを促すか，ということも指導計画を立てる上で考えておくことが大切である。

　本単元では，既習事項を振り返らせ，それらを活用させることに加え，生徒の特性・学習進度・学習到達度に応じるための指導の工夫として，いつでも既習事項のポイントを参照できる「ヒントカード」を用意した。このことにより，各生徒が学習を進める中で，自分の学習の状況を確認しながら各自で学習の進め方を調整できるようにした。「複数のワークシート」を準備し，学習者が学習しやすいと考えるワークシートを選べるようにすることも有効である。

　また，第1時及び第2時における学習がうまく進まないと，第3時及び第4時における討論の学習もうまく進めることができなくなってしまうことが考えられる。そこで，第1時及び第2時では，その時間の学習を振り返り次時の学習について確認することと，その時間の学習がうまく進められたかどうかについて自己評価を行いフォームで提出することを指導計画に入れた。フォームによる提出なので，教師はその内容を即座に確認することができる。自己評価の内容を確認したら，必要に応じて，個々の生徒に助言のコメントを送信することで，支援を必要としている生徒の学習意欲の向上を図ることが大切である。

　さらに，討論する場面を第3時と第4時の2回設定した。どちらの討論も時間がきたら，最後に一人一人がまとめの発言をするが，司会が結論をまとめることはせず，全員が司会の立場に立ってワークシートに結論をまとめて提出する。教師は第3時に提出されたワークシートの内容を確認することで，一人一人の生徒が討論の中で出た意見の共通点や相違点を見いだし，結論をまとめることができているかを確認する。その際，うまく結論をまとめられていないも

A 話すこと 聞くこと

B 書くこと

C 読むこと

のに共通しているつまずきをもとに「よくない例」を作成して第４時の冒頭で示し，どのように改善するとよいかを考えさせることで，第３時の学習が十分でなかった生徒の学習の改善を促す。また，同時に，第３時に提出させた学習の振り返りの「よい例」を取り上げ，うまく結論をまとめられている生徒は，討論のときにどのように発言の仕方やメモの取り方を工夫しているかを共有するなど，それぞれの学級の生徒の実態に即して助言する。第４時に討論を行っているときには，第３時に学習がうまく進められていなかった生徒を重点的に観察しながら，適宜支援していく。

(2) 協働的な学びの充実に向けた視点から

「互いの立場や考えを尊重しながら話し合い，結論を導くために考えをまとめる」ためには，討論を行う前に，テーマについて自分の考えを深めておくとともに，自分とは異なる立場の考えを想定し，その考えについて吟味しておくことが重要である。そこで，第２時に，グループで協議し，次時の討論で各自が発表する意見と根拠を明確にするとともに，異なる立場の考えを想定したQ&Aをグループで共有して討論に備えることにした。同じ立場の者同士であっても，それぞれの意見に至る考え方の筋道は異なっていることも多い。第２時のグループ協議では，そのような違いに着目させ，それぞれの異なる考えを組み合わせ，討論に向けてよりよいアイデアを生み出せるよう，教師は各グループの協議に適宜参加しながら助言することが大切である。

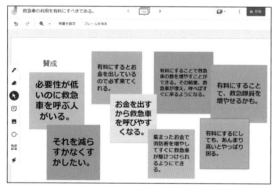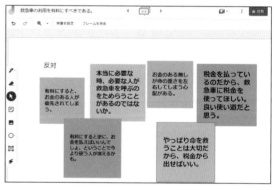

「Jamboard」活用例

また，第３時に討論の進め方を振り返る際には，録画した討論の動画を確認しながらグループで感想を述べ合い，討論の進め方のよかった点と改善すべき点について，それぞれの考えを深められるようにする。自分の発言が討論の状況を捉えていたか，話し合いの進展を促すようなものであったかという点については，他者からの指摘で気が付くことも多い。動画を見返しながら，互いに指摘し合うことで討論における発言の仕方について考えを深められるようにしたい。教師も適宜話し合いに参加し，生徒だけでは気が付かないよい点や改善点を指摘するようにしたい。

5 授業の実際

●事前課題

　前の単元の最後に，次の単元では「立場を尊重して話し合おう〜討論する〜」の学習を行うことを伝え，事前課題として「地域や社会で話題になっていることの中から討論したいテーマを一つ提案し，教師に提出する」ように伝える。この事前課題は，Google Classroom を活用し，フォームで回答を提出させる。第1時の授業に入る前にデータを確認し，同様のテーマのものをグルーピングしておく。授業で扱うテーマをどのように決めるかについてはこれまでの学習の状況に応じて，事前に生徒に伝えておくとよい。

〈例〉　①提出されたテーマを教師がグルーピングして絞ったものの中から，生徒の意見交換により一つに決定する。

　　　　②提出されたテーマをもとにいくつかのテーマを教師が設定し，その中から生徒が選択する。（テーマごとに複数のグループをつくる。）

　　　　③提出されたテーマで一番多かったものを決定する。

　　　　〈テーマ例（賛否や是非の分かれるものを選ぶとよい。）〉

　　　　・救急車の利用を有料にすべきである。　・AI（人工知能）は人々の生活を豊かにする。

　　　　・全ての中学生は，ボランティアをすべきである。

　　　　・インターネットがあればテレビはいらない。

●第1時

・単元の学習について教師が解説する。4時間の授業予定表を作成し，日時も入れる。各自の時間を活用した個別学習を含めた学習の見通しをもたせる。

学習計画表例

・ヒントカードの活用

ヒントカード例

【根拠が適切かどうか吟味するチェックポイント！】

★チェック！★

□　主観や思い込みを根拠としていないか。

□　挙げられた事実に例外はないか。

□　意見と根拠の結びつきが弱くないか。

【意見の説得力を高めるチェックポイント！】

□　客観的な事実や，信頼性の高い情報・データを示す。

　→主観や解釈が入らないようにする。

□　意見と根拠のつながりを明確にする。

　→事実や情報・データがどのように意見を支えているかを述べる。

□　複数の事実や統計結果などを根拠として示す。

　→複数の調査で結果が一致した数値やデータは信頼性が高いため。

・本時の学習を振り返り，次時の学習について確認する。自己評価を行い，提出する。

立場を尊重して話し合おう（１）

毎回の授業の自己評価をして、次の時間の学習に生かそう。

①学習の目標と授業の計画について理解できましたか？

○ 十分理解できた。

○ どちらかと言うと理解できた。

○ あまり理解できていない。

○ 理解できていない。

①で、「あまり理解できていない。」「理解できていない。」を選んだ人は、理解するためにどうすると良いと思うか、記述してください。先生がアドバイスします。

記述式テキスト（短文回答）

●第2時

討論テーマ【			】		
自分の立場	賛成	反対			
意見			根拠・資料・データ		順位
意見①					
意見②					
意見③					
意見④					
意見⑤					

「自分の立場・意見と根拠」ワークシート例

・学級や学習の状況によっては，テーマについて教師がどちらかの立場に立った発言をして，それに対して自分の考えをもたせるなどの方法もある。これは，自分の本来の意見と対立する立場について考えを深める体験をさせるために特に有効である。この場合，本討論のテーマ以外で演習することも考えられる。

討論テーマ【			】	
相手の立場	賛成	反対		
予想される相手の意見			それに対する考え	順位
相手の意見①				
相手の意見②				
相手の意見③				

「異なる立場の意見とそれに対する考え」ワークシート例

●第3時

・役割分担：司会1名，各立場（賛成・反対）各2～3名
・テーマを確認し，一人ずつ意見を述べる。
・意見発表の構成例：

  ①自分の立場を表明し，その理由を簡潔に述べる。

  ②「①」の考えの根拠となる事実や体験を述べる。

  ③再度立場を述べる。

・討論において，相手の意見をよく聴いて話し手の意図を理解することが求められる。その聴き方として以下のポイントを意識する。

  ・主張とそれを支える根拠との関係を考えながら聴く。

  ・主張を支える根拠の信頼性を考えながら聴く。

  ・複数の発言の共通点と相違点とを整理して聴く。

  ・使われている言葉の定義を考えながら聴く。

・討論を振り返り，発言の仕方やメモの仕方のよかった点や改善点を考え，本時の学びを次回の学習につなげられるようにする。

●第4時

・前時の学習を生かし，再度，討論を行う。
・4時間の学習を振り返り，今の考えをまとめ，記述する。

【討論を振り返ろう。】	
① 討論テーマについて、今の自分の考えを記述しよう。	
② 4時間の討論の学習を通して気付いたこと、理解したこと、討論の意義など学んだことについて記述しよう。	

「振り返り」ワークシート例

（村上　昭夫）

資料や機器を活用して
地域の魅力を効果的に伝えよう

02

教　材　「プレゼンテーション　資料や機器を活用して効果的に発表する」（三省）

関連教材：「魅力的な提案をしよう　資料を示してプレゼンテーションをする」（光村）
　　　　　「観点を明確にして伝える」（教出）

1　単元について

　プレゼンテーションは，社会生活の中で提案者の考えや調べた事柄などを説明しながら聞き手に提案する活動である。将来プレゼンテーションをするような場面に遭遇する生徒も多いことが想定される。そのため，プレゼンテーションを行う機会をつくり，生徒のプレゼンテーション能力を高めることが求められる。

　生徒は，小学校や中学校１年生までに文字や図表，グラフ，写真などを提示しながら意見や事実を発表することを経験してきており，プレゼンテーションに対して一定の力をつけてきていることが想定される。それらの学習経験を踏まえ，本単元では，日本（地域）の魅力を海外の人に伝えるために地域の観光コースを提案するというプレゼンテーションに取り組ませることで，「資料や機器を用いるなどして，自分の考えが分かりやすく伝わるように表現を工夫する」力を育成する。

2　単元の目標・評価規準

(1)　話し言葉と書き言葉の特徴について理解することができる。　　　　　〔知識及び技能〕(1)イ

(2)　目的や場面に応じて，社会生活の中から話題を決め，異なる立場や考えを想定しながら集めた材料を整理し，伝え合う内容を検討することができる。

　　　　　　　　　　　　　　　　　　　　　　　　　　　〔思考力，判断力，表現力等〕A(1)ア

(3)　資料や機器を用いるなどして，自分の考えが分かりやすく伝わるように表現を工夫することができる。　　　　　　　　　　　　　　　　　　〔思考力，判断力，表現力等〕A(1)ウ

(4)　言葉がもつ価値を認識するとともに，読書を生活に役立て，我が国の言語文化を大切にして，思いや考えを伝え合おうとする。　　　　　　　　　　　　　「学びに向かう力，人間性等」

ICT の活用場面

[ツール・アプリ等]　Google スライド　検索ブラウザ

- ●第１・２時　スライドを作成するための材料を集める。（検索ブラウザ）
- ●第３時　　　担当箇所のスライドをつくる。（Google スライド）
- ●第４時　　　発表の構成を考える。（Google スライド）
- ●第５時　　　プレゼンテーションの提示資料にする。（Google スライド）

知識・技能	思考・判断・表現	主体的に学習に取り組む態度
①話し言葉と書き言葉の特徴について理解している。((1)イ)	①「話すこと・聞くこと」において，目的や場面に応じて，社会生活の中から話題を決め，異なる立場や考えを想定しながら集めた材料を整理し，伝え合う内容を検討している。(A(1)ア) ②「話すこと・聞くこと」において，資料や機器を用いるなどして，自分の考えが分かりやすく伝わるように表現を工夫している。(A(1)ウ)	①粘り強く資料や機器を用いながら表現を工夫し，学習課題に沿ってプレゼンテーションをしようとしている。

A
聞くこと　話すこと

B
書くこと

C
読むこと

3　単元の指導計画（全5時間）

時	主な学習活動 ★個別最適な学びの充実に関連する学習活動 ●協働的な学びの充実に関連する学習活動	・評価規準と評価方法
1	• 単元（本時）の目標を確認する。 • 単元の学習課題について確認し，プレゼンテーションの相手と目的を明確にする。 ★「地域の観光コース」として紹介したい場所について考え，インターネット検索により材料を集める。 • 振り返りを行う。	
2	（※第１時の学習から約２週間後に第２時を行う。この間，各自で地域の観光コースとして紹介したい場所について事前	[思考・判断・表現] ① スライドの原案（ワークシート２）

	に調査しておくよう促す。） ・本時の目標を確認する。 ●個人で考えた「紹介したい場所」をグループで共有し，「地域の観光コース」を確定する。 ★各個人の担当箇所を分担する。 ★担当箇所について再度詳細に調べ，材料を集めて整理し，スライドの原案（ワークシート2）を作成する。 ・振り返りを行う。	・日本（地域）の魅力を海外の人に伝えるための「地域の観光コース」としてふさわしい材料を集めて整理し，自分が伝えたい内容を明確にしている。
3	・本時の目標を確認する。 ●個人のスライドをグループで共有して内容を確認し，構成を考えながら編集する。 ・編集したスライドを提出する。 ・振り返りを行う。	［知識・技能］① スライド ・話し言葉と書き言葉の特徴を踏まえて，スライドを作成している。
4	・本時の目標を確認する。 ・教師が提示する「よくないスライドのモデル」を見て改善点を考え，プレゼンテーションソフトを使用して伝える際のポイントを考える。 ・リハーサルを行い，録画する。 ●録画を見ながら，よい点と改善点について話し合い，必要に応じてスライドや話す内容等を修正する。 ・振り返りを行う。	［主体的に学習に取り組む態度］① 観察・振り返り ・録画を見返し，プレゼンテーションソフトを用いて話の要点や根拠を明らかにしたり，説明を補足したり，中心となる事柄を強調したりする工夫ができているかを確認し，他の生徒の意見を生かしながらスライドや話す内容等を改善しようとしている。
5	・本時の目標を確認する。 ・プレゼンテーションを行う。 ●自分たちの発表や他のグループの発表を評価する。 ・単元全体の振り返りを行う。	［思考・判断・表現］② スライド・発表 ・プレゼンテーションソフトを用いて話の要点や根拠を明らかにしたり，説明を補足したり，中心となる事柄を強調したりするなど，自分の考えを聞き手に分かりやすく伝える工夫をしながら話している。

4　個別最適な学びと協働的な学びの充実に向けた指導のポイント

(1) 個別最適な学びを充実させる視点から

　本単元では,「日本（地域）の魅力を海外の人に伝える」という目的のもと,「地域の観光コース」についてプレゼンテーションソフトを活用して提案するという言語活動に取り組む。その際,自分の興味・関心・キャリア形成の方向性等に応じて,観光コースの設定,情報の収集,整理,提案等を行うことができるよう,各自が紹介したい場所（観光地）を複数選ばせることにした。このような学習の場合,自分が紹介したい場所を決めたり,情報を収集したりするのに要する時間が一人一人異なるため,全員一律に授業時間内で取り組ませることは難しい。そこで,第1時に,単元の学習の目的や進め方を丁寧に理解させ,自分が興味・関心をもった場所の候補をいくつか決める。そして,第2時は,約2週間後に行うことを伝え,その間,各自で地域の観光コースとして紹介したい候補の場所に行って写真を撮影したり資料を集めたりするなど,事前に調査しておくよう促す。このように指導を工夫することにより,第2時以降の学習で目標とする資質・能力を全員に育成できるようにしたい。

　なお,グループを組む際に,各自が選んだ場所が重なるような生徒を同じグループにすることによって,自分の興味・関心をその後の活動に生かして取り組めるようにした。グルーピングを行う上では,自分が紹介したい場所を複数選べることが望ましい。第1時の段階で,複数の場所を選ぶことができない生徒に対しては,教師が候補となる場所を複数示すなどして重点的に指導するとともに,第2時までの間にも適宜声をかけて,複数の場所の情報を集められるように助言することが大切である。

　第3時では,それぞれの担当箇所について実際にプレゼンテーションソフトを用いてスライドを作成していく。その際,どのようなスライドを作成したらよいかが分からず,うまく学習を進めることができない生徒のために,スライドのフォーマットを複数種類用意した。縦書きのものや横書きのもの,記入例が複数示されているもの等を準備しておく。スライドの作成では,デザインやレイアウト等でいろいろと思い悩んでしまい,学習を進めることができなくなってしまう生徒もいる。しかし,本単元では,自分が伝えたいことのキーワードを文字で強調して表示したり,音声言語だけでは伝えることが難しい美しい光景を写真で示したりするなど,話の要点や根拠を明らかにしたり,説明を補足したり,中心となる事柄を強調したりすることなどの工夫に生徒の意識を向かわせたい。このような学習の目的を生徒にも十分に理解させた上で,自分が伝えたい内容に合わせて,共有フォルダからスライドのフォーマットを選択して使用できるようにした。この時間の終了時には,一度,作成中のスライドを提出させ,教師が内容を確認し,［知識・技能］①の評価規準に基づいて評価し,「Cと判断する状況」に該当するスライドに共通する代表的な「よくない点」を反映させた「よくないスライドのモデル」を作成しておく。それを,第4時の冒頭に示し,全体指導で改善点を考えさせることで,プレゼ

A　話すこと・聞くこと

B　書くこと

C　読むこと

ンテーションソフトを使用して伝える際のポイントを確認する。このような学習を生かして，「Cと判断する状況」に該当する生徒たちが自らスライドを改善することができるように促す。なお，全体への指導や生徒同士の指摘だけでは「Cと判断する状況」を改善することが難しい場合もある。そこで，第4時に個別にスライドを修正する場面で，共同編集機能を用いて，そのような生徒のスライドを確認しながら，教師がコメント機能で個別に助言を行うなどし，重点的な指導を行うことが大切である。

(2) 協働的な学びの充実に向けた視点から

　本単元では，プレゼンテーションをグループで行う。個人の担当箇所は，可能な限り個人の興味・関心等に応じて作成するものの，最終的にはグループのテーマからその魅力的な内容や構成を考えていく必要がある。そのため，個人で進める作業においても，グループで協働的に助言を考えて伝え合う時間を設けた。

　第2時では，個人で収集した材料を整理してまとめた「紹介したい場所」について，グループで検討して，海外の方に日本の魅力が伝わるような地域の観光コースを確定する。ここでは，個人の興味・関心等を大切にしながらも，学習課題に沿って，海外の方に日本の魅力がより伝わるコースを確定していけるような話し合いを意識させる。

　第3時では，個人で担当したスライドを作成した後に，グループで共同編集機能を活用して，互いに作成したスライドについて改善点を考えながら，その場で修正を行っていく。スライドにどのような写真や資料を載せるか，どのようなキーワードを文字で表示するかなどについては，話し言葉と書き言葉の特徴を踏まえて話し合わせることが大切である。また，各自が話す内容が，「海外の方」に対して「日本の魅力」がより伝わるようにするという目的に沿った内容になっているかを，そのスライドを作成していない生徒が，聞き手の立場に立って検討し，批判的に改善するためのアドバイスを伝え合うことを意識させることが大切である。このような点に留意させることで，本単元で育成を目指す資質・能力を育成するための効果的な話し合い活動としたい。

　第4時では，前時で作成した個人のスライドをもとに，より効果的に伝えられる構成を考えて，リハーサルを行う。リハーサルを行ったのちに，修正点について意見を出し合い，最終的な修正を行う。ここでは，リハーサルの様子を撮影した動画を用いながら，どの部分がどのようによくなかったのか（よかったのか）を，複数人で確認しながら指摘し合うことができるようにする。このことにより，ある生徒が指摘した改善点が，本当に的を射ているかということを，動画を見て複数の視点で確認しながら検討することができる。また，最初は改善点が思い浮かばなくても，動画を見ながら他の生徒の指摘を聞くことで，よりよい改善策を生み出せることもある。このようなグループでの対話を重ねることにより，一人一人の生徒が，資料や機器を用いたより効果的な話し方の工夫について考えを深められるようにしたい。

5　授業の実際

●**第1時**　相手意識・目的意識を明確にしながら自分なりに課題について考え，材料を集める。

①単元の目標「資料や機器を活用して効果的なプレゼンテーションとして発表できるようになる」について確認させる。

②学習の課題「日本（地域）の魅力を海外の人に伝えるための『地域の観光コース』を作成して発表する」を確認させる。

③プレゼンテーションの相手と目的に沿って，適切な「地域の観光地」を個人で選ばせる。情報の収集に関しては，本・インターネットを活用し，自分が興味・関心をもった場所を選択させる。また，ワークシートに「魅力を伝えられると思う場所」「どのような魅力が伝わると考えるか（なぜおすすめなのか）」を記入させる。

④振り返りシートに，第1時の振り返りを記入させる。

⑤第2時は，約2週間後に行うことを伝え，その間，各自で地域の観光コースとして紹介したい候補の場所に行って写真を撮影したり資料を集めたりするなど，調査しておくよう促す。

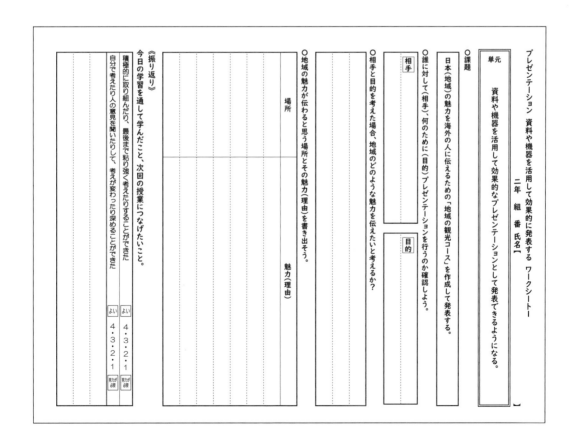

●第2時 相手意識・目的意識に基づき分担した担当箇所について考え，材料を整理して，伝えたい内容を明確にする。

①個人で収集した材料（紹介したい場所に関する情報）をグループで共有し，「地域の観光コース」を確定する。前時に考えた場所をもとに，グルーピングされたグループの中で，相手意識・目的意識をもってグループとしての「地域の観光コース」を決めさせる。

②「その場所から伝わる魅力」から，グループとしてのテーマを決めさせる。

③個人の興味・関心等を大切にさせながら，自分が担当する場所を決めさせる。同じ場所を2人で担当する場合は，事前に何について伝えるのかを分担させ，適宜情報交換をさせる。

④担当した場所について，改めて詳細な情報を集めさせる。

⑤振り返りシートに，第2時の振り返りを記入させる。

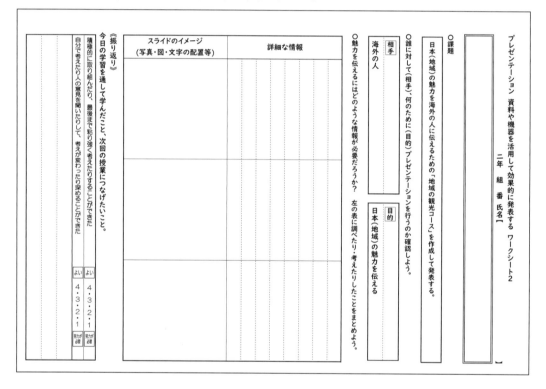

プレゼンテーション 資料や機器を活用して効果的に発表する ワークシート2

二年 組 番 氏名〔 〕

○課題
日本（地域）の魅力を海外の人に伝えるための「地域の観光コース」を作成して発表する。

○誰に対して（相手）、何のために（目的）プレゼンテーションを行うのか確認しよう。

相手：海外の人
目的：日本（地域）の魅力を伝える

○魅力を伝えるにはどのような情報が必要だろうか？ 左の表に調べたり、考えたりしたことをまとめよう。

スライドのイメージ（写真・図・文字の配置等）	詳細な情報

《振り返り》
今日の学習を通して学んだこと、次回の授業につなげたいこと。

積極的に取り組んだり、最後まで粘り強く考えたりすることができた
よい 4・3・2・1 見方が○

自分で考えたり人の意見を聞いたりして、考えが変わったり深めることができた
よい 4・3・2・1 見方が○

●第3時 資料や機器を用いるなどして，自分の考えが分かりやすく伝わるように工夫してスライドの作成をする。

①教師が提示する「よくないスライドのモデル」を見て改善点を考え，プレゼンテーションソフトを使用して伝える際のポイントを考えさせる。

②これまでに集めた情報をもとに，スライドを作成させる。作成に当たっては，相手意識・目的意識・グループのテーマをしっかりともたせ，一人1枚以上つくらせる。個人で作成するが，内容等に関して常に情報交換をさせながら，互いに進捗状況を確認させる。

③スライド作成をうまく進めることが難しい生徒のために，縦書きのものや横書きのもの，記入例が複数示されているもの等，スライドのフォーマットを複数用意する。これらを自分の伝えたい内容に合わせて，共有フォルダから自由に選択して使用できるようにする。

④共同編集機能を活用しながら，互いに作成したスライドについて，グループのテーマに沿った内容になっているかどうかを検討して，改善点を出し合い，その場で修正を行わせる。

⑤振り返りシートに，第3時の振り返りを記入させる。

●**第4時**　前時で作成した個人のスライドをもとに，より効果的に伝えられる構成を考えて，リハーサルを行う。

①端末に各担当箇所で話す内容のメモを記入させる。

②グループでスライドを見て，発表者には端末を見ながら実際に説明させる。

③スライドを活用して，相手に目的（グループのテーマ）がより効果的に伝えられるように，スライドの順番，レイアウト，文字の量，大きさ，説明の仕方などを修正させる。

④発表者，端末の操作者やその順番など役割を分担させる。

⑤リハーサルを行い録画させる。本番と同様5分間の発表で，実際の発表と同じように，立ち位置や指示の仕方，時間などを確認させる。

⑥リハーサルの録画を見返しながら，より効果的に伝えるための改善点をグループで考え，修正させる。

⑦振り返りシートに，第4時の振り返りを記入させる。

●**第5時**　プレゼンテーションを行う。また，他のグループの発表を見ながら，自分たちの発表について振り返りを行うことで，よかった点や改善すべき点を見つけて，これからの学習に生かす。

①プレゼンテーションを行う前に，前時のリハーサルを生かして発表できるようにグループごとに練習させる。

②グループごとに5分間でプレゼンテーションを行わせる。発表者は，より効果的に相手に伝わるように，リハーサル・練習で行ってきたことを生かして発表する。

③発表のグループ以外は，発表グループのプレゼンテーションを聞きながら，それぞれのグループが工夫しているよい点を見つけ，そのよさを積極的に伝えるとともに，そのよい点を今後の自分の話すことの学習に生かすことを意識して評価させる。

④振り返りシートに，第5時の振り返りを記入させる。

（安河内良敬）

A　話すこと　聞くこと

B　書くこと

C　読むこと

根拠の適切さを考えて意見文を書く　03

教　材　「根拠の適切さを考えて書こう　意見文を書く」(光村)

関連教材：「思考のレッスン2　根拠の吟味」(光村)

1　単元について

　本単元に入る前に，関連教材である「思考のレッスン2　根拠の吟味」で，生徒は意見と根拠との関係について学び，意見を裏付けるためのより適切な根拠の在り方を理解する学習に取り組んでいる。本単元では，そこで学習した知識及び技能を活用しながら，「根拠の適切さを考えて説明や具体例を加え，自分の考えが伝わる文章になるように工夫する」力を重点的に育成することを目指し，意見文を書くという言語活動に取り組ませる。その際，自分の意見を支える根拠として，主観的な内容の事柄を用いるのではなく，客観的な事実やデータを用い，その適切さを吟味しながら，意見文の説得力を高められるようにしたい。

　また，本単元では，「運動部活動の地域移行」という共通の題材で意見文を書かせることにした。このことにより，「根拠の適切さを考えて説明や具体例を加え，自分の考えが伝わる文章になるように工夫する」力を身に付けるという目標を生徒に強く意識させるとともに，教師もポイントを明確にした指導ができるようにしている。

　さらに，ICTを活用して，支援が必要な生徒により重点的な指導を行うほか，4人程度のグループによる意見交換等，協働的な学びの充実を図る。

2　単元の目標・評価規準

(1)　意見と根拠など情報と情報との関係について理解することができる。

〔知識及び技能〕(2)ア

(2)　根拠の適切さを考えて説明や具体例を加え，自分の考えが伝わる文章になるように工夫することができる。　　　　　　　　〔思考力，判断力，表現力等〕B(1)ウ

(3)　言葉がもつ価値を認識するとともに，読書を生活に役立て，我が国の言語文化を大切にして，思いや考えを伝え合おうとする。　　　　　　　　「学びに向かう力，人間性等」

ICT の活用場面

[ツール・アプリ等] ミライシード （ムーブノート）

● 第1時　事前に準備したカード（ワークシート）にメリット・デメリットを入力し，グループ別に分かれた 広場1～9 に送り，共有し意見交換をする。 みんなの広場 （クラス全体）に送り，共有する。

● 第2時　事前に準備したカード（ワークシート）に意見と根拠を入力し， 広場1～9 に送り，発表し，根拠の適切さを具体的に検討し確認する。

知識・技能	思考・判断・表現	主体的に学習に取り組む態度
①意見と根拠など情報と情報との関係について理解している。（(2)ア）	①「書くこと」において，根拠の適切さを考えて説明や具体例を加え，自分の考えが伝わる文章になるように工夫している。（B(1)ウ）	①粘り強く根拠の適切さを考え，学習課題に沿って意見を述べる文章を書こうとしている。

B
書くこと

C
読むこと

3　単元の指導計画（全4時間）

時	主な学習活動 ★個別最適な学びの充実に関連する学習活動 ●協働的な学びの充実に関連する学習活動	・評価規準と評価方法
1	・本単元の目標を理解し，学習の見通しをもつ。 ・「運動部活動の地域移行」に関する新聞記事〔朝日新聞（令和4年4月27日付朝刊）〕を読む。 ★「平成29年度『運動部活動等に関する実態調査』集計状況」（スポーツ庁）や自分で調べた資料を参考にして，どのようなメリット・デメリットがあるかを整理し，1人1台端末のワークシートに入力する。 ●4人程度のグループ別に分かれた 広場1～9 に送り，共有し，意見交換をする。 ● みんなの広場 （クラス全体）に送り，交流する。	
2	・「運動部活動の地域移行」に対し，前時の情報をもとに自分の意見を決め，意見を支える根拠の適切さを考える。 ★自分の意見とその根拠を1人1台端末のワークシートに入力する。	

2章　「個別最適な学び」と「協働的な学び」の一体的な充実を通じた授業改善を図るプラン　39

	●4人程度のグループに分かれ，自分のグループの 広場1〜9 に送り，それを共有しながら各グループで自分の意見とその根拠を発表し合い，根拠の適切さについて具体的に検討する。 ★交流後，指摘された点を修正し，意見と根拠をワークシート（プリント）にまとめる。 ・予想される反論とそれに対する答えを考え，ワークシート（プリント）にまとめる。	[知識・技能] ① <u>ワークシート（意見と根拠）</u> ・確かな事実や事柄に対する適切な解釈から自分の意見を導き出している。
3	・前時でまとめたワークシート（プリント）をもとに，「運動部活動の地域移行」に対する意見文の「構成メモ」をつくる。（ワークシート・付箋） ●「構成メモ」を4人程度のグループで交流し，意見を支える根拠の適切さや根拠を示す順序等について，具体的に検討し指摘し合う。 ★交流後，指摘された点を修正する。 ・「構成メモ」をもとに，600〜800字程度で原稿用紙に意見文を書く。	[主体的に学習に取り組む態度] ① <u>ワークシート（構成メモ）</u> ・確かな事実や事柄に対する適切な解釈から意見を導き出すとともに，説得力のある順序で記述するという視点で，他者の意見を生かしながら「構成メモ」を修正し，意見文を書こうとしている。
4	●これまでとは異なるメンバーで構成されたグループ（4人程度）で意見文を読み合い，よい点や改善すべき点を付箋に書き（よい点はピンク，改善点はブルー），指摘・評価し合う。（ワークシート・付箋） ●指摘された点について検討し，必要があれば書いた意見文に修正を加える。 ・学習の振り返りをする。	[思考・判断・表現] ① <u>ワークシート（修正後の意見文）</u> ・確かな事実や事柄に対する適切な解釈から意見を導き出すとともに，説得力のある順序で根拠を具体的に記述している。

4　個別最適な学びと協働的な学びの充実に向けた指導のポイント

(1) 個別最適な学びを充実させる視点から

　第１時では，「運動部活動の地域移行」に関する新聞記事を読んだ後，「運動部活動の地域移行」のメリット・デメリットを考えさせる。その際に，１人１台端末を利用して資料を集めさせるが，自分では資料を見つけることが困難な生徒もいるため，共通の資料として，「平成29年度『運動部活動等に関する実態調査』集計状況」（スポーツ庁）のデータから抜粋したものを事前に電子ファイルで用意しておき，必要に応じて生徒が自由に閲覧できるようにした。

　また，１人１台端末で「ミライシード」アプリの「ムーブノート」を使用し，前もって全生徒の端末に送っておいた「カード」（ワークシート）に，各自が考えたメリット・デメリットとその根拠となるデータを入力させる。各生徒の入力状況は，教師側の端末で個別に確認し，支援が必要な生徒に対しては，個別に助言するコメントを入力して送る。

　さらに，カードへの入力が終わった生徒から，グループ別に分かれた 広場１～９ にカードを送って共有し，４人程度のメンバーで意見交換をする。意見交換の後，クラス全体の みんなの 広場 にカードを移し，全体で共有する。そうすることで，他の生徒の考えを参考にしたい生徒は，自分のペースで自由に閲覧することができる。生徒は，必要に応じて他の生徒の考えを参考にしながら自分の考えについてより深めたり，修正したりすることができる。

　最後に，生徒が修正した内容について教師が端末で個別に確認し，支援が必要な生徒に対して，コメントを用いて重点的に指導することで，次時以降の学習が円滑に進むようにしたい。

　第２時では，「運動部活動の地域移行」に対し，前時の学習をもとに自分の意見を決め，その意見を支える根拠の適切さを考える。ここでも，端末で「ミライシード」アプリの「ムーブノート」を使用し，前もって全生徒の端末に送っておいた「カード」（ワークシート）に，自分の意見を支える根拠として，具体的なデータを入力させる。各生徒の入力状況は，教師側の端末で個別に確認ができる。信頼性に欠けるデータや，数値の引用の誤り，データの解釈に誤りのあるもの等については，［知識・技能］①の評価規準に関する「Ｂと判断する状況」（確かな事実や事柄に対する適切な解釈から自分の意見を導き出している。）に該当しないため，個別に「このアンケートの対象者は○○のため，もともと□□に偏った意見が集まりませんか。」「数値が○○となっていますが，確認しましたか。」「この結果からは，○○ということも考えられませんか。」などと助言するコメントを入力して送ることで，学習の改善を促すことが大切である。このとき，同じようなつまずきが見られる生徒が多くいる場合，教師側の端末の画面を大型テレビ画面に接続し，いくつかのつまずきの代表例を教師が打ち直したものを全体に提示しながら，改善する方法を考えさせるなど，一斉指導も加えながら，より効果的に生徒が学習の改善に取り組むことができるようにする。この段階で，意見と根拠の関係が適切なものになっていなければ，第３時以降の学習で，根拠の適切さを考えて説明や具体例を加え，自分

の考えが伝わる文章になるように工夫することは難しい。そこで，第2時終了時にワークシートを回収し，再度，内容を確認する。ここでは，ワークシートにまとめられた「意見と根拠」の関係について［知識・技能］①の評価規準に基づき，授業中に「Bと判断する状況」に達していないと判断した生徒の記述を重点的に確認する。学習の改善が図られていると認められない場合は，改善の方向性を具体的に示すコメントを入れ，第3時開始時に返却する。当該生徒については，第3時の冒頭で「構成メモ」をつくる際に声をかけ，生徒が困っていることを丁寧に聞きながら継続的に助言することで，資質・能力の確実な育成を図りたい。

(2) 協働的な学びの充実に向けた視点から

　本単元では，第1時及び第2時において，1人1台端末で「ミライシード」アプリの「ムーブノート」を使用することで，一人一人が端末で広場に集まった同じグループの生徒が入力したカードを同時に見て確認し，比較検討させる。そこにコメントも入力することができるため，交流した内容を記録として残し，各自が自分のカードに修正を加える際に役立てることができる。さらに，検討中に一度「私のノート」に戻り，同じグループの生徒からもらったアドバイスをもとに修正を加えた後，広場に再送することで，修正した内容をもとに検討を続け，一層考えを深めることもできる。

　そして，第1時においては，検討が終わったグループから，クラス全体の「みんなの広場」にカードを移すことで，広場に集まった他のグループのカードを見て交流することができる。そのため，早く検討が終わったグループのメンバーは，時間を有効に使って他のグループのカードを閲覧し，それを自分のカードの修正に役立てることができる。

　第1時，第2時共に，「ムーブノート」でカードを共有するときには，コメントの入力もできるが，コメントは補助的な記録手段と位置付け，カードの共有をした後，口頭で意見を発表し合い，互いに疑問点や気が付いた点を伝え合うことにした。カードへの入力は，どうしても考えの要点のみが入力されることが多い。それだけでは十分に伝えきれない細かな考えや補足すべき事項について口頭で補うことで，発表する生徒自身の考えを確かなものにすることができる。また，口頭でのやり取りでは，ある生徒の発言を別の生徒が聞きながら，それを補足するような考えを述べたり，疑問点を述べたりと双方向でスピーディーにやり取りすることで，思いもよらなかった新しいアイデアが生まれることもある。グループでの活動に入る前に，このような口頭でのやり取りのよさについて教師が伝えることで，生徒同士の意見交換が深まるようにしたい。

5　授業の実際

●第1時

○今回の学習では，「運動部活動の地域移行」を共通のテーマとして設定し，それに関する新聞記事をプリントして配付し，教師が読み上げ，「運動部活動の地域移行」によるメリットとデメリットについて考えることを提示した。

○メリット・デメリットを考える際には，1人1台端末を使い，各自で資料を集めさせたが，自身では資料を集めることが困難な生徒もいるため，共通の資料として，「平成29年度『運動部活動等に関する実態調査』集計状況」（スポーツ庁）の中から，生徒の参考になりそうなデータを抜粋し，事前に電子ファイルで用意しておき，必要に応じて生徒が自由に閲覧できるようにした。

〈ICT の活用場面〉

○1人1台端末・アプリ「ミライシード」（ムーブノート）を使用

・教師は事前に，「ミライシード」の中から「ムーブノート」を開き，授業日の○月○日○校時○年○組を選択する。そこで自身の「私のノート」を開いて，カード（ワークシート）を作成し，クラス全員のタブレットに送信しておく。カードは複数枚用意する。

・生徒は，自身の「ムーブノート」の「私のノート」を開いて，事前に準備されたカード（ワークシート）にメリット（ピンク）・デメリット（ブルー）と，根拠となるデータ（ホワイト）を入力する。

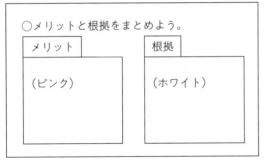 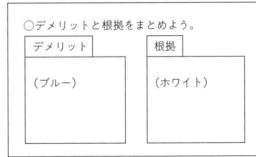

カード（ワークシート）

・入力が終わった生徒は，4人程度のグループ別に分かれた広場1〜9にカードを送って共有し，意見交換をする。

・意見交換の後，「私のノート」に戻って修正を加え，みんなの広場（クラス全体）に送り，交流する。

＊教師は，自身の端末とスクリーンとを接続し，テレビ画面を適宜使って，よい例を示すなどしながら指導を進める。

●第2時

＊教師は，第1時と同様に自身の端末とスクリーンとを接続し，テレビ画面を適宜使いながら，改善が必要なモデルを提示して改善点を考えさせるなどして指導を進める。

○「運動部活動の地域移行」に対し，前時の情報をもとに自分の意見を決め，自分の意見を支える根拠の適切さを考える。

〈ICT の活用場面〉

○自分の意見と根拠を1人1台端末のワークシートに入力する。

○1人1台端末・アプリ ミライシード（ムーブノート）を使用して，根拠の適切さについて検討する。

・教師は事前に，「ミライシード」の中から「ムーブノート」を開き，授業日の ○月○日○校時○年○組 を選択する。そこで自身の「私のノート」を開いて，カード（ワークシート）を作成し，クラス全員のタブレットに送信しておく。カードは複数枚用意する。

・生徒は，自身の「ムーブノート」の「私のノート」を開いて，事前に準備されたカード（ワークシート）に意見（ピンク）と，根拠となるデータ（ホワイト）を入力する。

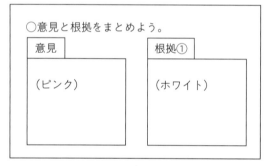

カード1（ワークシート）

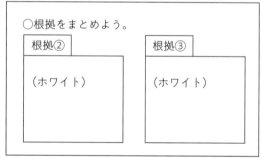

カード2（ワークシート）

・4人程度のグループ別に分かれた 広場1〜9 に送り，それをもとに発表し合い，根拠の適切さや足りない点等を具体的に検討し確認する。

○交流後，「私のノート」に戻り，指摘された点を修正し，意見と根拠をワークシート（プリント）にまとめる。

＊第3時では端末を使用せず，修正した内容をプリントにまとめさせる。

○予想される反論とそれに対する答えを考え，ワークシート（プリント）にまとめる。

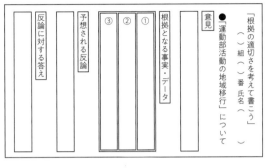

ワークシート

●第3時

○前時でまとめたワークシート（プリント）をもとに、「運動部活動の地域移行」に対する意見文の「構成メモ」をつくる。（ワークシート・付箋）

・「構成メモ」をつくる際には、付箋にキーワードを書かせ、意見と根拠の整合性や説得力を高めるための記述の順序等を考えさせながらワークシートに貼らせる。付箋を使用することにより、順序の入れ替えや差し替え等が容易になる。

・「構成メモ」を4人程度のグループで交流し、意見と根拠の整合性や根拠を示す順序等について具体的に検討し指摘し合う。

・交流後、指摘された点を修正する。

○「構成メモ」をもとに、600〜800字程度で意見文を原稿用紙に書く。

●第4時

○これまでとは異なるメンバーで編成された4人程度のグループで意見文を読み合い、よい点や改善すべき点を付箋に書き（よい点はピンク、改善点はブルー）、指摘・評価し合う。（ワークシート・付箋）

・交流の際には、以下の3点を意識してコメントを書かせる。

①意見を支える根拠は確かな事実や事柄に基づいているか。
②意見は事実や事柄に対する適切な解釈から導き出されているか。
③根拠は説得力のある順序で述べられているか。

○指摘された点について検討し、必要があれば書いた意見文に修正を加える。

・修正を加える際には、消しゴムで消して書き直すのではなく、あとで自分がどこをどのように直したのかを確認できるように赤ペンを使用させる。

○学習の振り返りでは、今回の学習でどんなことに気付き、どんな力がついたと思うかをノートに書かせる。

(小林　真弓)

構成や展開を工夫する
～「ある日の自分」の物語を書く～

教　材　「構成や展開を工夫して書こう　「ある日の自分」の物語を書く」（光村）

04

1　単元について

　本単元では，これまでに読んだ物語や小説，国語の授業で学んだこと等を参考にして，自分が体験した心に残る出来事を「ある日の自分」の物語として創作する。

　また，「誰に対して書くのか」という相手意識と，「何のために書くのか」という目的意識をもたせることにより，相手や目的に応じて，伝えたいことが分かりやすく伝わるように，文章の構成や展開を工夫させたい。本単元の指導時期は，２月という学年末に設定しているが，生徒たちは同じクラスで１年間共に過ごしていても，普段，相手が何を思い，どんなことを心に留めて過ごしているかは案外分かっていないものである。そこで，物語を書く相手は「１年間一緒に過ごしたクラスメート」とし，目的は「まだ見せていない自分の一面を見てもらい，より親しくなるため」とした。

　単元の冒頭で，これまでに読んだ物語や小説として，２年生で学習した「アイスプラネット」「盆土産」「走れメロス」を振り返らせた。この活動を通して，物語や小説は，設定や構成が工夫されていること，場面の展開に即した登場人物の心情の変化が描写されていること等を確認する。これらの学びを生かして，伝えたいことが分かりやすく伝わるように，文章の構成や展開を工夫する力を重点的に育成することができるように指導する。

2　単元の目標・評価規準

(1)　文章の構成や展開について理解を深めることができる。　　　　　　〔知識及び技能〕(1)オ

(2)　伝えたいことが分かりやすく伝わるように，文章の構成や展開を工夫することができる。
　　　　　　　　　　　　　　　　　　　　　　　　　　〔思考力，判断力，表現力等〕B(1)イ

(3)　言葉がもつ価値を認識するとともに，読書を生活に役立て，我が国の言語文化を大切にして，思いや考えを伝え合おうとする。　　　　　　　　　　　　　　「学びに向かう力，人間性等」

ICT の活用場面

[ツール・アプリ等] ロイロノート・スクール（以下「ロイロノート」）

- ●第1時　グループごとに，これまでに学習した物語や小説を振り返り，共同編集（共有ノート）を用いてまとめる。
- ●第2時　物語の設定とあらすじを考える。
- ●第3時　場面の展開に応じた心情の変化を考え，物語を書く。
- ●第4時　グループで作品を読み合い，構成や展開について振り返る。
　　　　　個人で学んだことを振り返る。

知識・技能	思考・判断・表現	主体的に学習に取り組む態度
①文章の構成や展開について理解を深めている。（(1)オ）	①「書くこと」において，伝えたいことが分かりやすく伝わるように，文章の構成や展開を工夫している。（B(1)イ）	①粘り強く文章の構成や展開を工夫し，今までの学習を生かして物語を書こうとしている。

A 話すこと 聞くこと

B 書くこと

C 読むこと

3　単元の指導計画（全4時間）

時	主な学習活動 ★個別最適な学びの充実に関連する学習活動 ●協働的な学びの充実に関連する学習活動	・評価規準と評価方法
1	・単元の目標を確認し，学習の見通しをもつ。 ◎これまでに学習してきた物語や小説を振り返る。 ●グループごとに割り振られた作品における設定や構成，場面の展開と心情変化について，ロイロノートの共同編集（共有ノート）を用いてまとめる。 ・各グループの発表をもとに，物語に必要な要素を考える。 ・物語や小説には，場面や登場人物などの設定や，事件の発端，山場，結末などの文章の構成があり，それぞれが工夫されていること，場面の展開に応じて登場人物の心情が変化していくこと等を理解する。	[知識・技能]　① ロイロノートの共有ノート・観察 ・物語や小説には，場面や登場人物などの設定や，事件の発端，山場，結末などの文章の構成があり，それぞれが工夫されていること，場面の展開ごとに登場人物の心情が変化していることを理解している。
2	・教科書に載っている「物語の例」を読み，完成作品のイメージをもつ。 ◎題材を考える。 ・文章を書く相手と目的を確認する。 ★自分の生活を振り返り，取り上げたい「ある日」を選び，付箋に書いて提出する。	

	◎物語の設定とあらすじを考える。 ・「起承転結」とは何か確認する。 ★設定（時・場所・登場人物）を考え，自分が書く物語のあらすじを起承転結でまとめ，付箋に書いて提出する。	
3	◎構成や展開を工夫して物語を書く。 ・再度，文章を書く相手と目的を確認する。 ★場面の展開に応じて心情の変化を描けるよう，付箋に「構成メモ」を書く。 ●「構成メモ」をグループで共有して互いの構成や展開の工夫について検討しながら，他の生徒からの意見をもとに，修正が必要な場合は修正していく。 ★場面の展開が明確になるように工夫しながら，600字程度の物語を付箋に書き，提出する。	［思考・判断・表現］① <u>ロイロノートの付箋（構成メモ）</u> ・まだ友達にあまり見せていない自分の一面を，印象的に伝えることができるように，ある日の出来事を，起承転結の展開に沿って明確にしている。
4	◎学習を振り返る。 ●グループで作品を読み合い，構成や展開について，効果的だと思ったことや改善点を伝え合う。 ★グループでの読み合いを踏まえ，個人で学習を振り返る。 ・グループのメンバーからもらった助言を踏まえ，個人で学習を振り返り，自分の文章のよい点や改善点を付箋に書き，提出する。	［主体的に学習に取り組む態度］① <u>ロイロノートの付箋（振り返り）</u> ・他の生徒の助言を踏まえ，起承転結の展開を考えたり，場面展開に沿って心情の変化を表現したりするために試行錯誤してうまくできたことや，改善したいことなどをまとめ，単元の学習を振り返っている。

4　個別最適な学びと協働的な学びの充実に向けた指導のポイント

(1) 個別最適な学びを充実させる視点から

　本単元では，自分が体験した心に残る出来事を「ある日の自分」の物語として創作する言語活動に取り組ませる。生徒が自身の生活を振り返り，取り上げたい「ある日」を選ぶことで，生徒一人一人が自らの興味・関心に応じた題材を設定できるようにした。

　第2時の「自分が書く物語のあらすじを起承転結でまとめる」学習活動では，生徒一人一人があらすじを起承転結でまとめて提出した付箋を確認し，[思考・判断・表現]①の評価規準による「Bと判断する状況」（まだ友達にあまり見せていない自分の一面を印象的に伝えられるように，ある日の出来事を起承転結の場面展開に沿って明確にしている）に該当するかどうかを形成的な評価として確認する。「Bと判断する状況」に該当しないような場合は，教師が改善点を付箋に書き込んで返却し，修正を促す。こうすることで，設定や構成を理解していなかった生徒も，学習状況を改善して，第3時の活動に取り組むことができる。

　第3時では，「構成や展開を工夫して物語を書く」学習活動を行うが，冒頭の10分程度の時間で，前時の学習で「あらすじを起承転結で，うまくまとめられなかったもの」に共通する要素をもとに教師が作成した「よくないモデル」を示す。そして，なぜよくないのか，どのように改善することができるかを生徒とのやり取りによって理解させる。前時の学習で形成的な評価として「Bと判断する状況」に該当しなかった生徒には，教師が改善点を付箋で伝えているが，それだけでは十分に改善できないことがあるため，このような全体指導を行う。また，この指導によって，改善すべき点をどのように伝えるとよいのかというモデルを示すことにもなり，本時で取り組むグループ学習で互いに改善点を伝え合う活動が円滑に進むようにしたい。

　なお，第3時に個人で「構成メモ」を書いたり，グループで検討したりしているときには，第2時で個別に改善点を伝えた生徒の学習状況を丁寧に観察し，必要に応じて重点的に指導する。このことにより，確実に，「まだ友達にあまり見せていない自分の一面を印象的に伝えられるように，ある日の出来事を起承転結の場面展開に沿って明確にすること」ができるようにしたい。

　「構成メモ」が完成したら，場面の展開が明確になるように工夫しながら，600字程度の物語を付箋に書かせる。書かせる際は，物語の分量の目安を「600字程度」と示しつつ，生徒自身の興味・関心や学習進度，学習到達度等に合わせて，自分で字数を調整して書くことを伝える。例えば，少ない分量でも場面の展開を明確にして物語を書くことができる生徒は400字程度，場面の展開を明確にした上で自分が表現したい内容を丁寧に描写したい生徒は800字程度などと，自らの学習を調整することができるように指導する。また，表現の工夫に関しては，これまで学習してきた視点（自分の視点，第三者の視点）や描写（情景描写，心情描写，行動描写），表現の技法（比喩，反復，倒置，体言止め等）などを想起させ，自分の好きなように工

夫するように伝える。こうすることで，これまでの読書体験や表現活動で学習してきたことを，深めたり，広げたりしながら物語を書き，それぞれの学びを深められるようにしたい。

(2) 協働的な学びの充実に向けた視点から

　本単元では，異なる考え方を組み合わせることで，よりよい学びを生み出す場面として，第1時と第3時の二つの活動を設定した。

　第1時の「これまでの学習を振り返り，文章の構成や展開について理解を深める」活動では，「アイスプラネット」「盆土産」「走れメロス」の三つの作品を，グループごとに一つずつ割り振り，作品の設定（時・場所・登場人物）や構成，場面の展開と心情の変化について話し合わせ，共同編集機能を用いてまとめさせる。このとき，以下の四点を教師が事前に準備しておくことで，共同編集を行う際に，まとめ方で混乱したり，付箋を消してしまうというトラブルが起こったりするのを防ぎ，課題に集中させることができる。

- ・ロイロノートで，「1班」「2班」といったグループごとの「共有ノート」を作成し，ノートを共有する生徒を選択しておく。
- ・担当する作品も割り振り，ノートの名前に入れておく。
- ・「共有ノート」に，設定（時・場所・登場人物）や構成，場面の展開と心情の変化を記入できる付箋を配付しておく。
- ・配付する付箋はノートにピン留めしておく。

　この学習における指導のポイントは，ただ黙々と課題に取り組ませるのではなく，グループの生徒同士を対面で話し合わせながら，共同編集させることである。そのために，生徒を班の形で座らせ，向かい合わせにした状態で，1人1台端末を操作させる。そうすることで，対話をする中で，互いの考えや発見を生かしながら，課題に取り組むことができるようにする。この活動を通して，物語や小説における設定や構成の工夫や，場面の展開に沿った心情の変化等に関する理解を深めさせたい。

　第3時の「構成メモ」をグループで共有して互いの構成や展開の工夫について検討する場面でも，生徒は第1時と同様に座り，1人1台端末を操作する。その上で，「1年間一緒に過ごしたクラスメート」に対して「まだ友達にあまり見せていない自分の一面を見てもらい，より親しくなるため」の物語にするために，どのように起承転結の場面を設定したのかということと，場面の展開に応じて心情の変化を明確に伝えるためにどのような構成メモを作成したのかということを各自が発表する。それを踏まえ，実際に「1年間一緒に過ごしたクラスメート」である聞き手の生徒は，それらの工夫が効果的に働いているかどうかという視点から検討し，気が付いた疑問点や改善点を伝えていく。このように視点を明確にした交流により，自分だけでは気が付かなかった改善点に気が付き，学習の目的に沿って各自が考えを深められるようにしたい。

5　授業の実際

●第1時　これまでに学習してきた物語や小説を振り返る。

①単元の目標と課題を確認し，学習の見通しをもたせる。

| 目標 | 場面の展開が明確になるように，構成を工夫しよう |
| 課題 | 「ある日の自分」の物語を書く |

②グループごとに作品を割り振り，設定や構成，場面の展開と心情の変化について，共同編集を用いてまとめさせる。

〈ロイロノートの事前準備〉

　1．ロイロノートでグループごとの「共有ノート」を作成し，ノートを共有する生徒を選択しておく。また，担当する作品も割り振り，ノートの名前に入れておく。

　2．「共有ノート」に，設定（時・場所・登場人物）や構成と，場面の展開に応じた心情の変化を記入できる付箋を配付し，ノートにピン留めする。

③グループの生徒同士を対面で話し合わせながら，共同編集でまとめさせ，発表させる。

④各グループの発表をもとに，物語や小説に必要な要素を考えさせる。

⑤生徒の考えを生かしつつ，物語や小説には，場面や登場人物などの設定や，事件の発端，山場，結末などの文章の構成が工夫されていること，場面の展開に沿って登場人物の心情が変化していることについての理解を深めさせる。

共同編集でまとめた
付箋の例

← 「アイスプラネット」
の設定

「盆土産」の
場面の展開と心情変化→

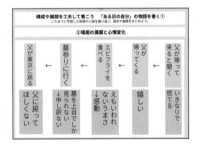

●第2時

①教科書に載っている［物語の例］を読み，完成作品のイメージをもたせる。

◎題材を考える。

②文章を書く相手は「1年間一緒に過ごしたクラスメート」，目的は「まだ友達にあまり見せていない自分の一面を見てもらい，より親しくなるため」であることを確認する。

③自分の生活を振り返らせ，取り上げたい「ある日」を選ばせ，付箋に書いて提出させる。

◎物語の設定とあらすじを考える。

④「起承転結」とは何か確認する。

　※特に「転」は，心情が大きく変化する場面であることを押さえる。

A 話すこと 聞くこと

B 書くこと

C 読むこと

⑤設定（時・場所・登場人物）を考えさせ，自分が書く物語のあらすじを起承転結でまとめさせ，付箋に書いて提出させる。

⑥教師の助言をもとに，修正が必要な場合は修正させ，次の活動に進ませる。

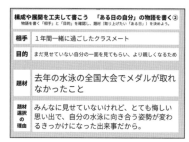
「題材と選択理由」

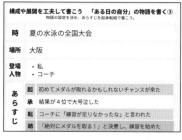
「設定とあらすじ」
修正前

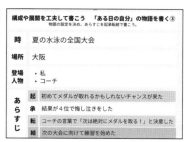
「設定とあらすじ」
修正後

●第3時 ◎構成や展開を工夫して物語を書く。

①再度，文章を書く相手と目的を確認する。

②場面の展開に応じて心情の変化を描けるよう，付箋に「構成メモ」を書き，グループで共有して互いの構成や展開の工夫について検討し，他の生徒からの意見をもとに，修正が必要な場合は修正していく。

〈検討の視点〉

・起承転結の場面分けは，物語を読ませる相手や目的に対して効果的か。

・自分の心情の変化の展開は，物語を読ませる相手や目的に対して効果的か。

③場面の展開が明確になるように工夫しながら，物語を付箋に書いて提出させる。

●第4時 ◎学習を振り返る。

〈ロイロノートの事前準備〉

1．「提出箱」に提出させた完成作品を，「回答共有」しておく。

2．生徒に，「比較」ツールでグループのメンバーの作品を選択させるか，グループのメンバーの作品を「使用する」でノートに出させ，すぐに閲覧できるようにしておく。

①作品を読み始める前に，場面の展開が明確になるように工夫したところを伝えさせる。

②作品を読み，グループのメンバーで，構成や展開について，効果的だと思ったことや，改善した方がよいと思ったことを伝え合わせる。

〈生徒同士で作品を読み合うときの視点〉

1．「1年間一緒に過ごしたクラスメート」（相手）の立場になって読み，「まだ友達にあま

り見せていない自分の一面を見てもらい，より親しくなる」（目標）が達成できているか。

2．場面の展開が明確になるように，構成を工夫しているか。

③グループのメンバーからもらった助言を踏まえ，個人で学習を振り返り，自分の文章のよい点や改善点を付箋に書いて提出させる。

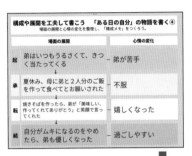

第3時「構成メモ」

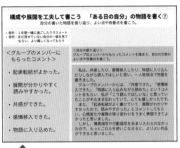

第3時「物語」の
完成作品（生徒作品）

第4時「振り返り」

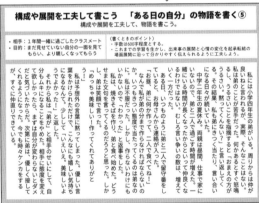

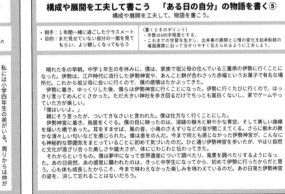

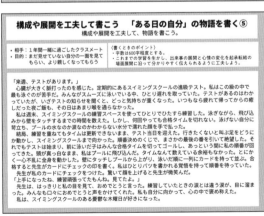

（原田　涼子）

職業体験でお世話になった方に お礼状を書こう

05

教材　「依頼状やお礼状を書こう」（東書）

関連教材：「表現を工夫して書こう　手紙や電子メールを書く」（光村）

　　　　　「構成を明確にして手紙を書く」（教出）

　　　　　「手紙・メール　心をこめてわかりやすく書く」（三省）

1　単元について

　現在，生徒たちが「手紙を書く」という機会は少なく，SNS での一言メッセージ等を使うことが多くなってしまっている。しかし，季節感を伝える時候の挨拶や，丁寧に思いを込めて書いた文章だからこそ読み手に伝わることがあるという点に気付かせたい。また，将来の社会生活の中で，状況や目的にふさわしい挨拶や言葉の使い方をすることで，他者との円滑なコミュニケーションをできるようになってほしい。そのためにも，中学校段階で，手紙の基本的な形式やマナーを理解させ，自分の思いや考えが伝わるように文章を整えて書く力を育成することが重要である。簡単には加筆修正することができない手紙だからこそ，一度書いたものをしっかりと読み返し，推敲しながら自分の思いや考えが伝わる文章に仕上げていく過程が大切になる。

　本単元では，「職業体験でお世話になった方」に，「感謝」の気持ちを伝えるためのお礼状を書く。その中で手紙の形式や書き方，ふさわしい言葉遣い等を学ばせたい。また，社会生活では素早く必要事項を確認できるメールでのやり取りも必要になる。場面に応じた通信手段を活用できるようにさせたい。

2　単元の目標・評価規準

(1)　敬語の働きについて理解し，文章の中で使うことができる。　　　　　　〔知識及び技能〕(1)カ

(2)　読み手の立場に立って，表現の効果などを確かめて，文章を整えることができる。

　　　　　　　　　　　　　　　　　　　　　　　　　　　　〔思考力，判断力，表現力等〕B(1)エ

(3)　言葉がもつ価値を認識するとともに，読書を生活に役立て，我が国の言語文化を大切にして，思いや考えを伝え合おうとする。　　　　　　　　　　　　　「学びに向かう力，人間性等」

ICT の活用場面

[ツール・アプリ等] Google ドキュメント　Jamboard　フォーム
- ●第1時　電子メールの続きを書き，共有する。（Google ドキュメント）
- ●第2時　お礼状で伝えたいことを箇条書きにし，共有する。（Jamboard）
  - お礼状の下書きを書き，提出する。（Google ドキュメント）
- ●第3時　確認テスト。（フォーム）

知識・技能	思考・判断・表現	主体的に学習に取り組む態度
①敬語の働きについて理解し，文章の中で使っている。（(1)カ）	①「書くこと」において，読み手の立場に立って，表現の効果などを確かめて，文章を整えている。（B(1)エ）	①粘り強く表現の効果などを確かめて，文章を整え，学習課題に沿ってお礼状を書こうとしている。

3　単元の指導計画（全3時間）

時	主な学習活動 ★個別最適な学びの充実に関連する学習活動 ●協働的な学びの充実に関連する学習活動	・評価規準と評価方法
1	• 本単元の目標を確認し，学習の見通しをもつ。 　[職業体験でお世話になった方にお礼状を書く] • 今までに経験したことを思い出し，社会生活の中で手紙が必要になる場合を確認する。 • 教科書に掲載されている「依頼状の例」を推敲し，手紙の形式や感謝の気持ちを伝えるのにふさわしい表現があることを確認する。 • 敬語の学習について振り返り，適切な敬語の使い方を想起し，推敲のポイントについて理解する。 ●教科書に掲載されている「電子メールの例」に続けるとしたらどのような内容や表現がよいか考え，グループで交流する。	
2	• 前時に提出した「電子メールの例」の続きに関する「敬語が適切に使えていないモデル」を読み，適切な敬語の使い方を考える。 • 職業体験であった出来事や感じたことなどを思い出し，お	

	世話になった方にお礼状で伝えたいことを，Jamboard に箇条書きにする。 ● Jamboard にまとめた内容を，まずグループで，次に全体で共有し，感想や意見を交流する。 ★お礼状の下書きを，ドキュメントで行う。 ● お礼状の下書きをグループで共有し，読み手の立場に立って誤解しそうな表現や敬語の使い方が適切ではない箇所について考え，指摘し合う。 ★グループ内で指摘されたことを踏まえ，読み手の立場に立って自分の下書きを読み直して推敲し，ドキュメントを提出する。	[思考・判断・表現] ① <u>下書き（推敲後）</u> ・読み手に感謝の気持ちが誤解なく効果的に伝わるように，下書きの表現を整えている。
3	★返却されたドキュメントを確認しながら，お礼状を清書する。 ・封筒の表書きや裏書きの書き方を確認する。 ・フォームで手紙の書き方の確認テストを行う。 ・単元の学習を振り返る。	[知識・技能] ① <u>お礼状の清書・フォーム（敬語の問題）</u> ・尊敬語，謙譲語，丁寧語の性質について理解し，感謝の気持ちを伝えられるように適切に使い分けている。 [主体的に学習に取り組む態度] ① ・単元の学習を振り返り，読み手の立場に立ってお礼状に書いた内容や表現を整えるために工夫したことや，手紙の形式に合わせて書く上で試行錯誤したこと等についてまとめている。

4　個別最適な学びと協働的な学びの充実に向けた指導のポイント

(1)　個別最適な学びを充実させる視点から

　本単元では，「読み手の立場に立って，表現の効果などを確かめて，文章を整える」力を身に付けるために，職業体験のお礼状を書くという言語活動に取り組む。

　第1時では，敬語の適切な使い方を全体指導で確認した後，教科書に掲載されている「電子メールの例」の続きを考える例題に取り組む。ここでは，グループで「電子メールの送り方」について教科書や資料集等を用いて確認させる。その上で，敬語の使い方に注意させながら「電子メールの例」の続きをドキュメントで作成させ，提出させる。教師は提出されたドキュメントを確認し，敬語の使い方が適切ではない例をピックアップし，「敬語が適切に使えていないモデル」をいくつか作成する。ドキュメントで提出させているので，コピーアンドペーストで比較的容易に作成することができる。

　第2時の冒頭では，「敬語が適切に使えていないモデル」を生徒に提示し，適切ではない敬語の使い方を指摘させ，どのように改善するとよいかを考えさせる。ここでは，学級の学習状況によって，ペアやグループによる短時間の話し合いを行って発表させたり，全体でのやり取りで教師が解説したり，できるだけテンポよく進められるよう柔軟に対応する。その際，前時に敬語を適切に使うことができていなかった生徒の様子を観察し，学習状況を改善できるよう重点的に指導する。

　その後，実際にお礼状の下書きを書かせる。その際，教科書に掲載されている時候の挨拶やお礼状の例を参考にしながら，個人でお礼状を書かせる。うまく学習を進めることができない生徒がいる場合は個別に支援するために，教師は事前に，「最初に示すフォーマット」と「ヒントとして示すフォーマット」の2種類のフォーマットを用意しておく。そして，自分一人でうまく書き進められず困っている生徒に「ヒントとして示すフォーマット」を送付して使用させ，重点的に指導する。

　本単元では，「読み手の立場に立って，表現の効果などを確かめて，文章を整える」力を重点的に育成するため，下書きがある程度書き進められたところで，前時に学習した推敲のポイントを再度，確認する。その上で，グループでの指摘を踏まえて，自分の下書きを読み手の立場に立って読み直しながら推敲させ，ドキュメントを提出させる。教師は提出されたお礼状の記述を確認し，［思考・判断・表現］①の評価規準に基づいて想定した「Bと判断する状況」（読み手に感謝の気持ちが誤解なく効果的に伝わるように，下書きの表現を整えている。）に該当するかどうかを判断し，該当しない生徒に対しては，「○○という表現は，適切な敬語の使い方になっていますか。教科書の『敬語のまとめ』で確認しましょう。」などと学習の改善を促すコメントをつけて返す。特に支援が必要な生徒には，共同編集機能によって，より具体的な改善案を数例示すなど，重点的な指導を行う。

お礼状の下書きをドキュメントで行うことは，自分の特性や学習進度，学習到達度等に応じて工夫して学習を進める上で効果的である。実際，多くの生徒が，紙に書くよりドキュメントの方が手紙の下書きを書きやすかったと答えている。書くことができない漢字があっても，変換機能によって漢字の候補が提示されるため，漢字の学習に苦手意識のある生徒でも積極的に学習を進めることができていた。また，文章構成を考えることに課題のある場合も，まずは単語や文を入力し，その後，自由に編集しながら推敲する姿が見られた。

(2) 協働的な学びの充実に向けた視点から

　第１時には，「電子メールの例を見て，続きをグループで考える」という課題を設定した。ここでは，共同編集機能を使って，グループで意見を出させる。その際，「まず，伝える必要があることをみんなで書き出してみよう。同じ意見が出てきてもかまいません。」という点を強調して伝えることが重要である。話し合いだと，最初に意見が出ると，次の人は同じ意見は言いにくくなるが，共同編集で多くの人が同じ意見を出せば，それは多くの人が共通して考えていることだと分かる。また，自分の考えを声に出して伝えることが得意ではなくても，書くことでなら伝えられるという生徒もいる。このような共同編集を使うことのメリットを生かして，異なる考えを組み合わせて自分たちの学びを深められるようにしたい。

　第２時では，Jamboard を用いて「お礼状で伝えたいこと」を箇条書きにする。それを共有することで，「何を伝えれば，感謝の気持ちが表せるのか」について，自分とは異なる考えを参照しながら，自分が「お礼状で伝えたいこと」を模索し，明確にできるようにしたい。

　そして，お礼状の下書きを書いた後に，その下書きをグループで共有し，読み手の立場に立って誤解しそうな表現や，敬語の使い方が適切ではない箇所について考え，指摘し合う。ここでは，４人程度のグループごとにフォルダを分けてドキュメントを保存させ，それを共同編集機能によって参照しながら，助言し合う。生徒は，自分では相手に伝わるように書いているつもりである。しかし，読み手の立場からすると，意味が分かりにくいものもある。そのことに気付き，修正する力を身に付けるためには，読み手から分かりにくい点について指摘してもらい，なぜ分かりにくかったのかについて互いにやり取りしながら考える経験を積み重ねることが重要である。中学生が推敲を苦手とするのは，これまでの十数年の人生の中で，そのような経験を数多く積み重ねていないためである。今回のグループでの学習は，このような点から効果的な学びになるようにしたい。そのためには，端末の画面に向かってただひたすらに修正するのではなく，互いに「なぜ分かりにくいのか」「なぜ，そのように改善するとよくなるのか」という理由を納得できるまで話し合わせることが重要である。このような話し合いによって「読み手」の立場に立って，自分の文章の伝わりにくさを修正できるようにさせたい。この後は，受けたアドバイスをもとに，個人で最終的な「推敲」をさせる。「集団」から「個」に戻すことで，自分の手紙をじっくりと推敲させ，各自が学びを深められるようにしたい。

5　授業の実際

●第1時

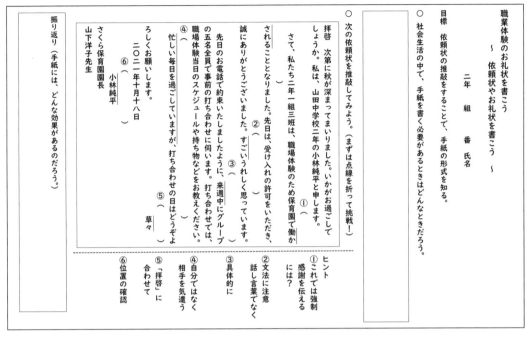

第1時のワークシート

「依頼状やお礼状を書こう」（東京書籍『新しい国語2』令和3年度版）

　本単元では，「読み手の立場に立って，表現の効果などを確かめて，文章を整える」力を身に付けるために，「職業体験のお礼状を書く」という言語活動に取り組むことを伝える。その際，手紙には形式があること，職業体験をさせていただいた方に対して感謝の気持ちを伝えるのにふさわしい言葉遣いがあることを確認する。

　その後，教科書の例題「依頼状の例」の推敲の学習に取り組む。依頼する際の「体験させていただく」という気持ち，また伝えるべき情報を考えさせながら，取り組ませる。最初からヒントを与えるのではなく，まずは考えさせたい。ただ，⑤，⑥は手紙の形式を知らないと答えることはできない。そこから，「手紙の書き方」を説明することで，関心を高めさせる。この学習では，①，④の敬語の使い方を中心に扱う。

　中学校における敬語の学習では，小学校第5学年及び第6学年での学習を受け，敬語に関する個々の体験的な知識を整理して体系付けるとともに，人間関係の形成や維持における敬語のもつ働きを理解する必要がある。教科書では，本教材がpp.146～148に掲載されているのに対して，敬語についての教材はp.50，51（「敬語のまとめ」p.306）に掲載されており，教科書会社の示す指導計画例では，本単元よりも前に敬語に関する取り立て指導を行うことになっている。本事例でもそのような流れで進めており，ここで，既習の「尊敬語」「謙譲語」「丁寧語」

について簡単に想起させ，教科書の「敬語のまとめ」を確認し，敬語について分からなくなったら，ここに立ち戻るとよいことを指導する。このことにより，この後，個別の指導を行う際も，「『敬語のまとめ』で確認しよう。」と助言することができる。

　最後は，教科書に掲載されている「電子メールの例」の続きを考える例題に取り組む。これからの生徒は，社会に出たとき，手紙よりも電子メールでの連絡が多くなるだろう。そこで，電子メールの書き方も知っておいてほしい。ここでは，グループで考え，「電子メールの送り方」を教科書や資料集等で確認し，特に敬語の使い方に注意しながら作成させ，ドキュメントを提出させる。

●第2時

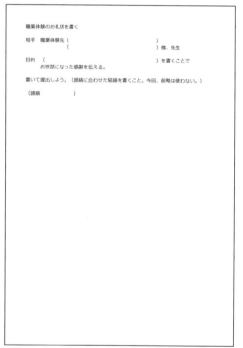
最初に示すフォーマット

ヒントとして示すフォーマット

第2時のドキュメント

　第2時では，先述したように冒頭で敬語の適切な使い方について短時間で前時の振り返りを行い，お礼状の下書きに取り組む。その際，使用する2種類のドキュメントの例を上に示した。多くの生徒は，手紙の例文を参照すれば書けるが，うまく学習を進めることができない場合に使用するフォーマットとして，より丁寧なものを作成した。また，これは，この後，推敲の際につまずいた生徒に助言する上でも効果的に使用することができる。

　授業の流れとしては，「職業体験でお世話になった方に，感謝の気持ちを伝える」ということを目標にお礼状を実際に書くことを伝える。そのために，具体的にどのようなことを書けば

感謝の気持ちが伝わるのか考えさせ，箇条書きで Jamboard に記入させる。ただ「学んだこと」などとするのではなく，「子どもたちとの接し方を学んだ」などと，具体的に書かせる。それをグループ，クラスで共有することで，書く内容を広げられるようにする。

　書く内容が決まったら，ドキュメントで下書きをする。提出されたドキュメントは，グループごとに共有し，助言し合う。助言をし合うときにも，教科書等を参照させながら，手紙の形式を確実に守らせる。その上で，「感謝の気持ち」が伝わる文章になっているか，敬語等の使い方はおかしくないか，誤解が生じるような表現になっていないかなどという点について読み手の立場に立って話し合わせる。ここでの助言を受けてから，最終的な推敲を個人で行わせ，提出させる。

●第3時

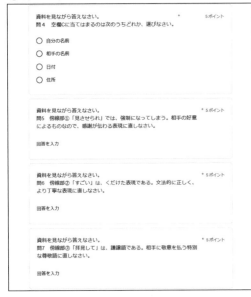

第3時の確認テスト（フォーム）

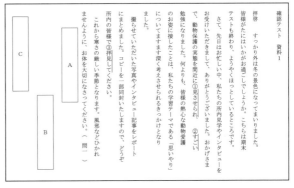

資料1（縦書きのため，これを見ながらテストを行う。）

　第3時では，教師が評価した下書き（ドキュメント）を見ながら，清書する。その際の留意点として，縦書きに直すことが挙げられる。教科書や資料集，また書写の教科書を参考に縦書きで清書をさせる。手紙を書く機会のない生徒たちに（実際，年賀状も書いたことのない生徒も多数いる），封筒の書き方も指導する。学校の実態に応じて，書写の学習として，毛筆を用いて封筒の表書きや裏書きを書かせることも考えられる。

　最後にフォームでの確認テストを行う。既習事項の「敬語」が苦手な生徒は，家庭学習で「敬語」の復習をしておくよう伝える。

（岩井堂雅代）

清少納言になったつもりで
「令和」を紹介しよう

06

教　材　「枕草子」（光村）

関連教材：「枕草子・徒然草」（東書）「随筆の味わい——枕草子・徒然草——」（教出）

「枕草子・徒然草」（三省）「枕草子」ビギナーズ・クラシックス日本の古典（角川書店）

1　単元について

　本単元で使用する教材は「枕草子」である。序段の部分は特に広く知られているが，すでに小学校5年生で学習しており，その段階で暗唱している生徒もいる。人口に膾炙されている「枕草子」なので改めて解説の必要もないと思うが，今回の取組において作者の清少納言について少し触れておきたい。

　清少納言はその才能を買われ中宮定子のもとに女房として仕えた，現代から見ても魅力的な女性と言える。そんな清少納言が書いた「枕草子」の文章は，感性の豊かさ・鋭さ・自由な語り口・簡潔な表現・軽やかで洗練された文体……といくつもの特長がある。現代の中学生が，「枕草子」を原文や現代語訳で読むことに加え，清少納言になったつもりで自分流「令和」を紹介する文章を書くことを通して，清少納言の見た世界を改めて感じ取り，作者のものの見方や考え方を深く理解することができるような学習にしたいと考えた。

　また，本単元は，第2学年で扱う初めての古典教材と位置付けて1学期の初期に実践するものである。第2学年での国語学習を意欲的に進める原動力となるような取組にするとともに，この後に学習する「平家物語」や「徒然草」などの古典にも興味・関心をもつきっかけとなるような授業にしたい。

2　単元の目標・評価規準

⑴　現代語訳や語注などを手掛かりに作品を読むことを通して，古典に表れたものの見方や考え方を知ることができる。　　　　　　　　　　　　　　　　　　〔知識及び技能〕(3)イ

⑵　目的や意図に応じて，多様な方法で集めた材料を整理し，伝えたいことを明確にすることができる。　　　　　　　　　　　　　　　〔思考力，判断力，表現力等〕B(1)ア

⑶　言葉がもつ価値を認識するとともに，読書を生活に役立て，我が国の言語文化を大切にして，思いや考えを伝え合おうとする。　　　　　　　　　　　「学びに向かう力，人間性等」

[ツール・アプリ等] Google ドキュメント　ロイロノート・スクール（以下「ロイロノート」）
　　　　　　　　　二次元コード読み取り機能　検索ブラウザ
- ●第1時　難読漢字をインターネット検索し，共有する。（検索ブラウザ，ロイロノートもしくは Google ドキュメント）
- ●第2時　難語句や表現をインターネット検索し，共有する。（検索ブラウザ，ロイロノートもしくは Google ドキュメント）
- ●第3時　清少納言になったつもりで，「令和」を紹介する文章を書き，内容や表現の工夫などをグループで考え，共有する。（ロイロノート）

知識・技能	思考・判断・表現	主体的に学習に取り組む態度
①現代語訳や語注などを手掛かりに作品を読むことを通して，古典に表れたものの見方や考え方を知っている。（(3)イ）	①「書くこと」において，目的や意図に応じて，多様な方法で集めた材料を整理し，伝えたいことを明確にしている。（B(1)ア）	①積極的に古典に表れた言葉やものの見方・考え方を知り，学習課題に沿って考えようとしている。

3　単元の指導計画（全3時間）

時	主な学習活動 ★個別最適な学びの充実に関連する学習活動 ●協働的な学びの充実に関連する学習活動	・評価規準と評価方法
1	・古典によく出てくる「難読漢字クイズ」に取り組む。 ・教科書「枕草子」に掲載されている第一段の音読練習をする。（教科書の二次元コードを1人1台端末で読み取り練習する。）個人練習後，ペアで互いの音読を聞き合い，読み方の確認をする。 ・教科書掲載の第百四十五段，第二百十六段の原文の範読を聞き，音読練習をする。 ・他に，「枕草子」ビギナーズ・クラシックス日本の古典（角川書店）の第二十段，第三十八段，第六十四段の現代語訳を読み，清少納言のものの見方や考え方に触れる。 ・次の学習では「枕草子」を参考にして「令和」を紹介する文章を書くため，教師の示すテーマ例をもとに，家庭学習等でインターネットや図書館等を活用して，文章の材料を収集し，ロイロノートで提出する課題に取り組むことを理解する。	

A
話すこと
聞くこと

B
書くこと

C
読むこと

2	※第1時から約1週間後に実施 ・前時の学習を振り返り，教科書掲載の原文をペアで音読し合う。 ・古典によく出る「難語句や表現クイズ」に取り組む。（前時のクイズと違い，貴族の衣装や建物，表現など古典によく出てくる言葉を出題する。） ★「令和」を紹介するという目的を設定し，作文する。自分の体験で気付いたことやインターネット等で集めた材料を整理し，他の時代にはあまり見られなかった令和の特色と言える内容のうち，特に伝えたい内容を明確にする。前時に読んだ「枕草子」を参考にしながら，清少納言になったつもりで考え，50〜100字（2〜3行）程度の文章を，ロイロノートに書く。 ●互いの文章を読み，テーマ別のグループ内で説明し合い，よい点や改善点を見いだして文章を推敲していく。このようにグループで話し合って共有したものを一つの文章にしていく。ロイロノートに書いて提出する。	［思考・判断・表現］① ロイロノート ・「令和」を紹介するという目的に沿って，インターネット等で集めた材料を整理し，伝えたい内容を明確にしている。
3	●各グループから提出された文章をグループの代表者が発表し，クラスで共有する。 ●「枕草子」第一段，第百四十五段，第二百十六段，第二十段，第三十八段，第六十四段の現代語訳を読み返し，自分たちの考えと比べながら，清少納言のものの見方や考え方について考えたことをロイロノートに書いて共有し，前時とは異なるグループで話し合う。 ★ロイロノートに書いた内容を加筆修正し，提出する。 ★単元の学習を振り返る。	［知識・技能］① ロイロノート ・自分たちのものの見方や考え方と比べながら，「枕草子」に表れた清少納言のものの見方や考え方について理解している。 ［主体的に学習に取り組む態度］① ロイロノート・観察 ・「枕草子」の現代語訳を読み返したり，他の生徒の考えを生かしたりしながら，清少納言のものの見方や考え方について考えたことをまとめようとしている。

4　個別最適な学びと協働的な学びの充実に向けた指導のポイント

(1) 個別最適な学びを充実させる視点から

　古典の学習では，特に古典特有のリズムを通して，古典の世界に親しむことを大切にしたい。このことは，第1学年でも学習したことではあるが，古典に親しむ態度を育むためにも，3年間を通して継続して指導することが大切である。一方，歴史的仮名遣いの読み方については小学校から学習しているが，歴史的仮名遣いで書かれた文章を音読することが得意な生徒もいれば，苦手な生徒もいる。したがって，全員一律に教師の範読を聞かせて同じ回数や時間で練習させるのではなく，自分の特性や学習進度に応じて歴史的仮名遣いの読み方を確認させ，慣れさせたい。生徒の中には，歴史的仮名遣いを現代仮名遣いに直した読み仮名を文字言語で見ながら読んだ方が読みやすい生徒もいれば，音声言語で聞いてリズムを感じ取った方が理解しやすい生徒もいる。教科書には第一段の模範となる音読を聞くことができる二次元コードがついている。これを1人1台端末で読み取り，各自のペースで自由に聞くなど，自分に合った練習方法を工夫して音読の学習を進めさせたい。ただし，教科書掲載の第百四十五段，第二百十六段の原文は二次元コードがついていないので，教師が範読して聞かせるなどして読み方を確認してから音読練習に取り組ませるようにする。

　第2時では，第1時に読んだ「枕草子」原文や現代語訳を参考にして，自分流の「令和」を書く学習に取り組むが，授業中に文章の材料を収集する活動を行うと，一人一人の学習進度が異なり，十分な学習が成立しなくなる恐れがある。そこで，第1時の終了時に，第2時で取り組む自分流の「令和」を書く学習の目的や意図を理解させ，テーマ例として，第1時に読んだ「枕草子」の内容に関連するもの（季節，時間帯，かわいらしいもの，一瞬の美しさ，ファッション，動植物や昆虫，その他）を示す。その上で，第2時までに家庭学習等を活用して，インターネット，学校や地域の図書館等の資料，新聞や雑誌，日常生活の体験やこれまでに経験したことなどから，自分の興味・関心のあるテーマに沿って情報を収集してロイロノートにまとめて提出する課題に取り組ませる。このことにより，一人一人の興味・関心や特性，学習進度等に応じて自分に合った学習の進め方を工夫して取り組めるようにしたい。そのため，第2時は，第1時の約1週間後に実施するなど，その実施時期を工夫して設定することが大切である。第2時の前に設定した提出期日までに提出できない生徒や提出した情報の収集が十分ではない生徒に対しては，事前にコメントを送って助言したり，直接声をかけたりすることで重点的に指導する。また，このように支援が必要な生徒に対しては，その生徒の興味がありそうな資料等を事前に教師が準備しておき，第2時でそれらを参考にして伝えたいことを明確にさせるなど，重点的な指導を継続して行うことが大切である。

　なお，この間，音読の練習にも個人で取り組むことができるようになるので，第2時の冒頭で音読の確認をし，上達した生徒に対しては，その進歩の状況等を個人内評価として積極的に

伝えるようにすることも大切である。

　第2時の導入で行う難語句や表現クイズは，難語句の読み方ではなく貴族の衣装や建物，表現など，古典によく出てくる言葉を出題する。あらかじめ読み方は提示し，よく分からない語句については，資料集や，インターネットの動画や画像，解説文の検索など，自分が調べやすい方法で自由に調べさせる。例えば，第一段にある「やうやう白くなりゆく山ぎは」や「夕日のさして山の端」などの表現をインターネットで検索すると，画像だけでなく動画での紹介もある。「直衣」「指貫」「唐衣」など衣装に関する語句や「桜がさね」「山吹がさね」など色の表現，「清涼殿」「蔀」など建物に関する語句なども，色彩豊かな画像や動画，丁寧な解説で説明されると大変分かりやすいものである。関連する用語の意味など，一人一人の興味・関心に応じて自由に調べさせ，全体で共有するようにしたい。

(2) 協働的な学びの充実に向けた視点から

　本単元では，「枕草子」に書かれている内容と自分の知識や経験とを結び付けながら清少納言のものの見方や考え方について深く理解することを目標としている。

　第2時では，清少納言になったつもりで，「令和」を紹介する文章を書くことに取り組む。自分の知識や経験を踏まえながら，清少納言が令和の時代に生きていたらと考えてロイロノートにまとめる。その個々が書いた文章をロイロノートの共有機能を使って一覧にする。それを使用しながら，「『令和』を紹介するという目的に沿って，材料を整理し，伝えたい内容を明確にしているか」について互いに助言し合い共有することで，他者と協働的に学ぶ機会としたい。テーマ別に分かれた各グループでは，話し合いをしながら互いの書いた文章のよい点や改善点を見つけていき，一つの文章へと整理していく。ここでは，互いの助言をよく聞いて，それぞれの文章のよさや着眼点を生かせるように，教師は声かけをすることが大切である。

　第3時では，各グループの代表者がそれぞれのテーマに沿って編集した文章を発表する。この発表を聞くことで，生徒たちは自分とは異なるものの見方や考え方に触れ，考えを広げていく。このことを踏まえて，「枕草子」の現代語訳を読み返し，自分たちの考えと比べながら，清少納言のものの見方や考え方について考えたことをロイロノートに書いて共有し，前時とは異なるグループで話し合う。この話し合いでは，それぞれの生徒が，「枕草子」のどの表現に着目して清少納言のものの見方や考え方を捉えたかに着目させて話し合わせる。このことにより，古典に表れたものの見方や考え方にも多様な捉え方があることに気付かせ，古典を読む楽しさを実感できるようにしたい。（なお，テーマごとの「令和」の紹介文は，クラス内発表だけでなく，学校全体の学習発表会，保護者会等で他学年の生徒や保護者，地域の方々に読んでもらったり聞いてもらったりして，簡単なアンケートフォームで感想のフィードバックを得ることも，生徒の学びを深めることにつながるであろう。）

5 授業の実際

●第1時

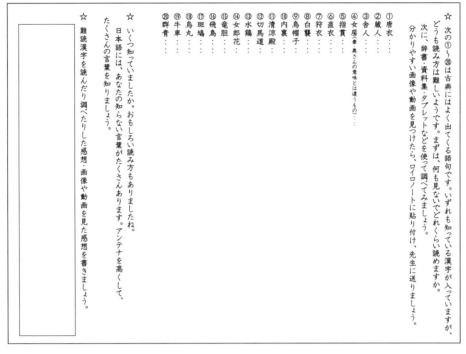

☆ 次の①〜⑳は古典にはよく出てくる語句です。いずれも知っている漢字が入っていますが、どうも読み方は難しいようです。まずは、何も見ないでどれくらい読めますか。

次に、辞書・資料集・タブレットなどを使って調べてみましょう。

分かりやすい画像や動画を見つけたら、ロイロノートに貼り付け、先生に送りましょう。

① 唐衣……
② 蔵人……
③ 舎人……
④ 女房〈妻・奥さんの意味とは違うもの〉……
⑤ 指貫……
⑥ 直衣……
⑦ 狩衣……
⑧ 白襲……
⑨ 烏帽子……
⑩ 内裏……
⑪ 清涼殿……
⑫ 切馬道……
⑬ 水鶏……
⑭ 女郎花……
⑮ 竜胆……
⑯ 飛鳥……
⑰ 斑鳩……
⑱ 烏丸……
⑲ 牛車……
⑳ 群青……

☆ いくつ知っていましたか。おもしろい読み方もありましたね。

日本語には、あなたの知らない言葉がたくさんあります。アンテナを高くして、たくさんの言葉を知りましょう。

☆ 難読漢字を読んだり調べたりした感想・画像や動画を見た感想を書きましょう。

ワークシート

このワークシートでは，古語に親しむことを目的としている。古語には，現代では使われていない言葉がたくさんある。その中から，漢字は読める字だけれども言葉としては読めない，あるいは知らない語句を集めた。読みが分からない言葉を辞書で調べることは大変である。しかし，1人1台端末で検索すると多くの情報が簡単に取得できる。例えば，「狩衣」を検索すると「かりぎぬ」という読み方が分かると同時に，図の説明があり，カラフルな色彩も見られる。このような語句は，「令和」を紹介する文章を書く際に「ファッション」分野を考える参考にもできる。また，「清涼殿」を検索すれば，平安時代の宮中の住居を映像で見ることができる。

本時で読む現代語訳は，「枕草子」ビギナーズ・クラシックス日本の古典（角川書店）より引用した。第二十段は清涼殿内の貴族の衣装について書かれている。大納言殿が着ている衣装の色のあでやかさや御簾の中にいる女房たちの衣装も美しい。衣装だけでなく，春爛漫な様子も描かれているので，現代の清少納言たちが「令和」のファッションについて書きたくなると思う。第三十八段は「鳥」について語られている。古典でお馴染みの「郭公（ほととぎす）」「鶯」「千鳥」「水鶏」「都鳥」「鴛鴦」などが出てくる。第六十四段は草の花ですてきなものについて語られている。第三十四段でも木の花の美しさを「語りかける花」として書いている。こちらの段は

春の花を取り上げているので，秋の草花を多く紹介している六十四段を選んだ。「令和」の動物や植物，鳥や虫，草花などを紹介したくなる内容である。生徒一人一人の興味・関心・キャリア形成の方向性に，少しでも応じられるような現代語訳を選択して紹介している。

●第2時

☆　次の①〜⑪は古典に出てくる語句や表現です。辞書・資料集・タブレットなどを使って調べてみましょう。何も見ないで，説明できるものはありますか。①〜⑪は古典に出てくる語句や表現を見つけたら，ロイロノートに貼り付け，先生に送りましょう。

①つとめて〈勤めるではないので注意〉……

②火桶（ひおけ）……

③瓜（うり）……

④水晶（すいしょう）……

⑤蔀（しとみ）……

⑥御簾（みす）……

⑦春はあけぼの……

⑧やうやう白くなりゆく山ぎは（やまぎわ）……

⑨夕日のさして山の端（やまのは）……

⑩雁（かり）などのつらねたる……

⑪夕顔の花と実……

☆　難語句や難しい表現を調べた感想、画像や動画を見た感想を書きましょう。

ワークシート

　このワークシートは，古典における難しい語句や現代人に分かりにくい表現を調べるためのプリントである。「火桶」「瓜」「水晶」は教科書掲載の段に出てくる語句。言葉の説明だけでは分かりにくいが，画像や色彩がつくと，清少納言が感じたものをより理解しやすくなる。

　「やうやう白くなりゆく山ぎは」や「雁などのつらねたる」などの表現は，右下のような画像で見るとその美しさが一目瞭然である。有名な「枕草子」の一節なので，すぐに検索できる。画像だけでなく，動画を見られるサイトもある。鳥や虫の鳴き声など，音声を聞くこともできる。

「枕草子」を現代語訳や注釈などを手掛かりに読み，古典に表れたものの見方や考え方を知る。筆者清少納言の感性に触れる。それを受けて「清少納言になったつもりで『令和』を紹介する」という言語活動をすることに，大いに役立つと考える。教科書以外に三段ほど，他の段の現代語訳で出てくる語句や表現を補足した。

　このような導入を経て，「枕草子」原文や現代語訳から，清少納言のものの見方や考え方に思いをはせながら，自分流の「令和」を書かせる。

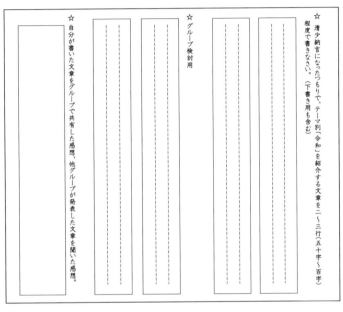

ワークシート

●第3時

　各グループの代表者がそれぞれのテーマに沿って編集した文章を発表した後，発表を踏まえて，清少納言のものの見方や考え方について考えたことをロイロノートに書いて共有し，前時とは異なるグループで話し合う。この話し合いでは，それぞれの生徒が，「枕草子」のどの表現に着目して清少納言のものの見方や考え方を捉えたかの違いに着目して話し合う。話し合いの後に，他の生徒の意見を生かしながら，最初に書いたロイロノートの記述を加筆修正することで，清少納言のものの見方や考え方についての理解を深める。

（磯部　博子）

登場人物の言動の意味を考えよう
～「走れメロス」を読む～

07

教　材　「走れメロス」（光村・東書・教出・三省）

1　単元について

　「走れメロス」は，登場人物たちの葛藤や心情の変化を捉えたり，展開の面白さを味わったりと，様々な角度から読み味わうことができる作品である。

　本単元では，「走れ！メロス」という言葉に込められた思いを考えることを通して，「登場人物の言動の意味などについて考え，内容を解釈する」力を重点的に育成することを目指す。この言葉は，作品中，ただ１か所，くじけそうになったメロスが自分自身を奮い立たせる場面で登場する。この一言をつぶやいたのは誰か。メロス本人，メロス以外の登場人物，または語り手，読者，その他の人物と考えていくと，登場人物の心情が変化するに至った背景を想像することになり，読者自身も作品に入り込んで人間心理の面白さに思いをはせることができると考えた。

2　単元の目標・評価規準

(1)　第１学年までに学習した常用漢字に加え，その他の常用漢字を読むことができる。

〔知識及び技能〕(1)ウ

(2)　文章全体と部分との関係に注意しながら，登場人物の設定の仕方などを捉えることができる。　〔思考力，判断力，表現力等〕C(1)ア

(3)　登場人物の言動の意味などについて考え，内容を解釈することができる。

〔思考力，判断力，表現力等〕C(1)イ

(4)　言葉がもつ価値を認識するとともに，読書を生活に役立て，我が国の言語文化を大切にして，思いや考えを伝え合おうとする。　「学びに向かう力，人間性等」

ICT の活用場面

[ツール・アプリ等] Google フォーム　検索ブラウザ　ドキュメント　スプレッドシート　Jamboard

- ●事前課題　　初発の感想を書いて提出する。(Google フォーム，スプレッドシート)
- ●第1時　　　語句の意味を調べる。(検索ブラウザ)
- ●第2時　　　登場人物の人物像と相互関係をまとめる。(ドキュメント)
- ●第3時　　　「走れ！メロス」という言葉に込められた思いを共有する。(Jamboard)
- ●第4・5時　登場人物の言動の意味について考えたことをまとめる。(ドキュメント)

知識・技能	思考・判断・表現	主体的に学習に取り組む態度
①第1学年までに学習した常用漢字に加え，その他の常用漢字を読んでいる。((1)ウ)	①「読むこと」において，文章全体と部分との関係に注意しながら，登場人物の設定の仕方などを捉えている。(C(1)ア) ②「読むこと」において，登場人物の言動の意味などについて考え，内容を解釈している。(C(1)イ)	①積極的に登場人物の言動の意味などについて考え，学習課題に沿って考えたことを伝えようとしている。

3　単元の指導計画（全5時間）

時	主な学習活動 ★個別最適な学びの充実に関連する学習活動 ●協働的な学びの充実に関連する学習活動	・評価規準と評価方法
1	(第1時の学習の前に，予習として「走れメロス」を読み，初読の感想を Google フォームに入力して提出するとともに，読み方が分からなかった漢字の読み方をメモしたり，気になった語句にマーカーで印をつけたりするという課題に取り組む。) ・単元の学習目標を共有し，学習の見通しをもつ。 ・4人程度のグループで教科書の3ページ分を一文交替で音読し，互いの読み方を確認する。(第2時以降も3ページずつ行い，全ページを確認する。) ・予習時に読み方をメモした漢字やマーカーで印をつけた語句について，辞書やインターネット検索機能を用いて，文脈に即して意味や用法を確かめ，スプレッドシートに記述	

	する。（本単元終了時までに課題を終了できるよう，家庭学習等を活用して継続して取り組む。）	
2	・ワークシート（ドキュメント）を用いて，登場人物の主な言動を整理し，それらの言動から登場人物の人物像と相互関係をまとめ，4人程度のグループで検討する。	[思考・判断・表現] ① ワークシート ・描写や言動から登場人物の人物像と相互関係を正確に捉えている。
3	●「走れ！メロス」という言葉に込められた思いについて様々な立場から考え，人物ごとに色分けしてJamboardの付箋にまとめる。付箋をJamboardで共有し，「走れ！メロス」という言葉が，話の展開にどのように関わっているかということについてグループで交流する。 ★「走れ！メロス」という言葉が話の展開にどのように関わっているかということについて，自分の考えをワークシート（ドキュメント）にまとめる。	[思考・判断・表現] ② ワークシート ・「走れ！メロス」という言葉が話の展開にどのように関わっているかについて考えている。
4	★自分の印象に残った登場人物の言動が話の展開にどのように関わっているのかを考え，ワークシート（ドキュメント）にまとめる。 ●同じ言動を取り上げた生徒同士で4人程度のグループを編成し，ワークシートを共有して互いの考えを交流し，気が付いた点を伝え合う。	[主体的に学習に取り組む態度] ① 観察・ワークシート ・繰り返し文章を読み返したり，他の生徒の考えを聞いたりしながら，登場人物の言動の意味について自分の考えをもち，それを進んで伝えようとしている。
5	●異なる言動を取り上げた生徒同士で4人程度のグループを編成し，ワークシートを共有して互いの考えを交流し，気が付いた点を伝え合う。 ★交流での気付きを参考にして，ワークシートの内容を修正して提出する。 ・10問程度の漢字の読み方テストに答え，単元の学習を振り返る。（Googleフォームのアンケートで行う。）	[知識・技能] ① 漢字の読み方テスト ・本教材に出てくる常用漢字を文脈に即して正しく読んでいる。 [思考・判断・表現] ② ワークシート ・自分の印象に残った登場人物の言動が話の展開にどのように関わっているのかを考えている。

4 個別最適な学びと協働的な学びの充実に向けた指導のポイント

(1) 個別最適な学びを充実させる視点から

　第1時の学習に入る2週間ほど前に本単元の学習を予告し，「走れメロス」を読み，初読の感想を Google フォームに記入させ，第1時が始まる3日前までに提出させる。この課題により，生徒に学習の見通しをもたせたい。また，教師は提出された感想を読み，生徒一人一人の文章の理解の程度を確認して，この段階で特に指導が必要となる生徒をある程度把握し，本単元における指導に生かしたい。この課題に取り組ませるに当たっては，インターネット上に公開されている複数の朗読の動画サイトを紹介しておく。おおむね30分から40分で視聴できることも伝えておくと，生徒にとっては家庭学習等の計画を立てる際の参考となる。「走れメロス」は，声優やアナウンサー等が朗読した動画がインターネット上で複数公開されているので，生徒によってはそれらを聞き比べることで，学習の興味・関心を高める者も出てくる。初読で取り組むのが難しい文学作品の予習の仕方として，このような方法をぜひ指導したい。通常は授業中に1回だけ範読や CD の朗読を聞くことが多いが，それと比べて，自由に聞き返すことや繰り返し聞くことができるので，音声言語で文章の内容を理解することが得意な生徒にとっては，学習を効果的に進める手立てにもなるであろう。

　この予習を踏まえて，本単元では毎時間，教科書の本文を約3ページずつ，4人程度のグループで一文ずつ交替しながら音読させ，各自の読み方を確認していく。ここでは，各グループの音読の様子を教師が丁寧に確認し，読み誤り等があれば必要に応じて個別に指導したり全体で取り上げて確認したりするなどして，全ての生徒が教材文中に出てくる漢字を正しく読むことができるようにしたい。

　また，本教材では，新出漢字が36字，新出音訓が9字と数多く用いられていることに加え，生徒になじみのない難解な漢語が多用されている。この予習の課題に取り組ませる際には，読むことができなかった漢字の読み方をメモしたり，気になった語句にマーカーで印をつけたりさせる。この課題により，一人一人の生徒が漢字の読み方等に関する自らの理解の状況を確かめ，本単元で取り組む漢字や語句に関する学習の見通しをもつことができるようにしたい。

　第1時では，読み方をメモした漢字やマーカーで印をつけた語句について，辞書やインターネットの検索機能を用いて，文脈に即して意味や用法を確かめ，漢字の読みの習熟と応用を図る学習に取り組むが，生徒の興味・関心や学習進度，学習到達度等に応じて必要となる学習の時間は異なる。そこで，単元終了までの間に課題を終了できるよう，家庭学習等を活用して継続して取り組むように指導する。第1時の学習の状況を確認し，うまく学習を進めることが難しい生徒に対しては，文脈に即した意味や用法の調べ方を重点的に指導することが大切である。また，第5時までの間に生徒が家庭学習等で取り組んでいる学習の状況を随時確認し，個別にコメントを送って励ましたり，授業の際に声をかけて助言したり，進捗状況についてグループ

の生徒同士でアドバイスし合ったりさせることで，支援が必要な生徒に対する指導を行うことが大切である。生徒の漢字や語句の知識については，特に個人差が大きいものである。このような指導により，一人一人の生徒が自分のペースで漢字の意味を理解しながら正しく読むことができるようにする。

　また，本単元では，「走れ！メロス」という言葉が話の展開にどのように関わっているかについて考える学習課題を教師が提示し，全員で取り組むが，本教材には登場人物の様々な言動が描かれていることから，教師が提示した学習課題にはうまく取り組むことができなくても，自分が興味・関心をもった登場人物の言動であれば，うまく学習を進めることができるという場合も考えられる。このようなことから，第4時以降では，自分の印象に残った登場人物の言動が話の展開にどのように関わっているのかを考えさせることにした。このことにより，生徒一人一人が自らの特性や興味・関心等を生かした学習活動に取り組み，第3時に経験した学習の進め方を生かして試行錯誤しながら，登場人物の言動の意味について考えて，内容を解釈する力を身に付けられるようにしたい。

　第2時から第5時まで，生徒は自分の考えをドキュメントに記入して提出する。教師はその内容を速やかに確認し，支援が必要な生徒に対してコメントを送ったり声をかけたりすることで，生徒の学習意欲を向上させ学習の改善を促していくことが大切である。

(2) 協働的な学びの充実に向けた視点から

　本単元では第2時から第5時の学習活動において，個の学習とグループ内で意見を交流する学習を組み合わせて設定している。

　特に第3時では，「走れ！メロス」という言葉が話の展開にどのように関わっているかを考える際に，その言葉に込められた思いについて様々な立場から考えたことをグループで交流する。「走れ！メロス」とは，くじけそうになったメロスが自分自身を奮い立たせ，王城に向かうために立ち上がるときの言葉であるが，メロス以外の登場人物，もしくは語り手，あるいは読者が発した言葉と考えると，この言葉が話の展開にどのように関わっているかについての考えを広げたり深めたりすることができる。王城に戻ったメロスとそれを待っていた王，セリヌンティウス，民衆などの言動からそれぞれの心情の変化は比較的容易に読み取ることができる。もし，ディオニスが，またはセリヌンティウスがつぶやいた一言だとしたら，そこにはどんな思いがこもっているのか。それぞれの登場人物の言動をもとに考えることで，話の展開の中でこの言葉がもつ意味についての考えを深められるはずである。そこで，Jamboard などの付箋機能を利用し，各登場人物や語り手，読者の立場に立ってどんな思いでこの一言を述べたか色分けして書かせ，多様な意見を出させるようにしたい。生徒だけで考えることが難しい場合は教師も話し合いに参加し，生徒の考えを揺さぶることも大切である。

5　授業の実際

●事前課題

・第1時の学習に入る2週間ほど前に本単元の学習を予告し，インターネットの朗読動画等を参照しながら「走れメロス」を読み，初読の感想を Google フォームに記入させ，第1時が始まる3日前までに提出させる。予習の課題を示す時期や，課題の提出期日については学校の実態に応じて工夫することが大切である。

・朗読の動画を視聴するだけで本文を読まないということがないように，読み方が分からなかった漢字の読み方をメモしたり，気になった語句にマーカーで印をつけたりするという課題にも取り組ませる。

●第1時

・予習で取り組んだ感想を共有しながら，読み方が難しい漢字や意味が分からない語句があるといった感想をいくつか紹介し，「本教材に出てくる常用漢字を文脈に即して正しく読むことができるようにする」という単元の目標を説明する。また，登場人物の人物像や相互関係に触れている感想や，登場人物の言動の意味に触れている感想をいくつか紹介し，「文章全体と部分との関係に注意しながら，登場人物の設定の仕方などを捉える」力や，「登場人物の言動の意味などについて考え，内容を解釈する」力を身に付けるという単元の目標を説明し，学習の見通しをもたせる。

・4人程度のグループで教科書の3ページ分を一文交替で音読し，互いの読み方を確認する。教科書で「走れメロス」の文章は約15ページ分で掲載されているので，毎時間3ページずつ行い，全ページについて必ず読むようにする。読むことが苦手な生徒については，事前に紹介した朗読動画などで読み方を確認して読む練習をすることを促す。読み方が難しい漢字については，予習で読み方をメモし，第1時にその意味や用法を調べて理解する学習に取り組むが，毎時間の音読の際に，教師が生徒の音読を注意して聞き，必要に応じて個別に指導したり，全体で取り上げて読み方の確認を行ったりすることが必要である。そのような指導を単元の学習を通して継続的に行った上で，単元末の漢字の読み方テストによって一人一人の学習の状況を総括的に評価することが大切である。

・予習の際に読み方をメモした漢字や気になった語句について，辞書やインターネットの検索機能を用いて，文脈に即して意味や用法を確かめ，スプレッドシートに記述する。（本単元終了時までに課題を終了できるよう，家庭学習等を活用して継続して取り組む。）

●第2時

・4人程度のグループで，前時に音読した教科書の続きに当たる3ページ分を一文交替で音読

させ，互いの読み方を確認させる。
・全体を四つの場面に区切り，場面の展開と登場人物の言動に気を付けながら読み進めていくことを確認する。
・文章を読んで，メロスや王など登場人物の言動などから人物像と相互関係を捉えるという目標に沿って，ワークシート（ドキュメント）を用いてまとめさせていく。
・ワークシートに記入した内容をグループで確認し，参考になったことは自分のワークシートに付け加えさせる。必要に応じて，教師が全体指導で補足説明したことも付け加えさせ，ワークシートを提出させる。

●第3時

・4人程度のグループで，前時に音読した教科書の続きに当たる3ページ分を一文交替で音読させ，互いの読み方を確認させる。
・「走れ！メロス」という言葉が出たのはどういう場面だったかを確認する。
・「走れ！メロス」という言葉は誰のどんな思いのこもった言葉かを考えさせる。Jamboardの付箋機能を利用し，黄色の付箋は「王」，緑は「セリヌンティウス」，青は「メロス」，ピンクは「群衆」，オレンジは「語り手や読者，その他」などと色分けして，「走れ！メロス」とい言葉に込めた思いを短い言葉で書き，Jamboardに貼り付けさせる。
・生徒の自由な発想を引き出し，二つ以上の付箋を書かせるようにする。余力があれば複数の立場に立って考えるようにアドバイスする。
・付箋をJamboardで共有し，登場人物ごとに整理し，「走れ！メロス」という言葉が話の展開にどのように関わっているかについてグループで意見を交流させる。

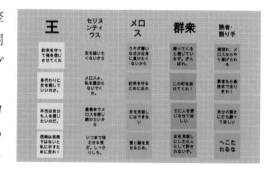

・グループでの意見交流を踏まえ，「走れ！メロス」という言葉が話の展開にどのように関わっているかについて，自分の考えをワークシート（ドキュメント）にまとめさせて提出させる。

●第4時

・4人程度のグループで，前時に音読した教科書の続きに当たる3ページ分を一文交替で音読させ，互いの読み方を確認させる。
・前時は，「走れ！メロス」という言葉の意味について考えたが，本時では，自分の印象に残った登場人物の言動が話の展開にどのように関わっているのかを考えるという学習の目標を理解させる。

・自分の印象に残った登場人物の言動のうち，その意味について考えてみたいものをいくつかJamboardの付箋に書き出し，学級全体で共有して整理する。

・Jamboardで共有している付箋を参考にしながら，自分が考えたい登場人物の言動を決め，その言動が話の展開にどのように関わっているのかを考えてワークシート（ドキュメント）にまとめる。

・同じ言動を取り上げた生徒同士で4人程度のグループを編成し，ワークシートを共有して互いの考えを交流し，気が付いた点を伝え合う。（できる限り同じ言動を取り上げた生徒同士がよいが，同じ言動を取り上げた生徒が複数名いない場合は，同じ人物の似たような言動を取り上げた生徒同士でグループを編成する。）

●第5時

・4人程度のグループで，前時に音読した教科書の続きに当たる3ページ分を一文交替で音読させ，互いの読み方を確認させる。

・異なる言動を取り上げた生徒同士で4人程度のグループを編成し，ワークシートを共有して互いの考えを交流させ，気が付いた点を伝え合わせる。（できる限り異なる人物の言動を選んだ生徒同士でグループを編成したいが，難しい場合は，同じ人物の異なる言動を選んだ生徒同士がグループに入ることもある。生徒の実態に応じて柔軟なグループ編成を工夫する。）

・交流での気付きを参考にして，ワークシートの内容を修正して提出させる。

・単元の学習の振り返りでは，本教材の新出漢字に関する10問程度の漢字の読み方テストに答えさせる。これは，Googleフォームのアンケートを用いることで，即座に生徒の回答状況を把握することができる。また，これまでの学習を振り返り，登場人物の言動の意味に着目して小説の内容を解釈するときのポイントや面白さなど，登場人物の言動の意味について考えたことを，他の作品を読むときや今後の読書生活にどう生かすかという視点で考えさせ，アンケートフォームに入力させる。文学作品を教材とした授業では，「その教材を学ぶ」という教材への依存度の高い学習に陥るのではなく，学習指導要領が示す資質・能力を育成する学習になるよう指導を工夫したい。「この単元で何を学んだのか。」と問うたときに，「『走れメロス』です。」と作品名を答えるのではなく，「登場人物の言動の意味について考えて内容を解釈することを学びました。」と答えられるような生徒を育てたい。そのためには，単元の学習の振り返りでは，授業で扱った教材そのものの魅力や感想を述べさせることも大切だが，その教材を通して身に付けた力について振り返らせ，他の作品を読むことや今後の読書生活にどう生かすかを考えさせることが大切であろう。最後に，そのような視点から考えを記述している振り返りを教師がいくつか紹介し，全体で共有することで，この教材で学んだことを，他の場面でも使えるようにするという意識を生徒にもたせたい。

（鈴木　裕子）

表現の効果について考える

08

教　材　「字のない葉書」（光村・東書）
関連教材：「ごはん」向田邦子（『父の詫び状』文藝春秋）
　　　　　「大人になれなかった弟たちに……」（光村）
　　　　　「えんぼう」（「随筆二編」）（光村）

1　単元について

　本教材の前半は，「暴君」と表現されるにふさわしい父が，親元を離れた私に宛てて書いた「手紙」のエピソードが印象的に語られている。読み手は，普段の「罵声」「大酒飲み」「ふんどし姿」の父と，「手紙」に表れる「律儀」で「愛情深い」父との間にギャップを覚え，戸惑うこととなる。後半は題名にもある「字のない葉書」のエピソードである。前半から一変し，「私」は直接的に父の人物像を語ることはない。したがって，読み手は父の言動から，人物像やその心情へと読みを深めていくことになる。現代における父親像からは想像しにくい「父」の姿に，一部の生徒は反感を覚えることになるだろう。しかし，何度も叙述を読み返しながら協働的に学んでいくことで，発せられない言葉の奥にある父の深い愛情と，家族の絆に気付くことができるのではないかと考える。

　本単元では，このような教材の特質を生かし，前半と後半のエピソードにおける父の人物像や心情の描かれ方を比較することで，それらの表現が作品全体にどのような効果を与えているかについて考える力を育成することを目指す。また，向田邦子の別の作品である「ごはん」とあわせて読んだり，第1学年で学習した他の筆者の随筆等と比較して読んだりすることで，本や文章などには，様々な立場や考え方が書かれていることを知り，自分の考えを広げたり深めたりする読書に生かすことができるようにする。

2　単元の目標・評価規準

(1)　本や文章などには，様々な立場や考え方が書かれていることを知り，自分の考えを広げたり深めたりする読書に生かすことができる。　　　　　　　　　　〔知識及び技能〕(3)エ
(2)　観点を明確にして，表現の効果について考えることができる。
　　　　　　　　　　　　　　　　　　　　　　　　　〔思考力，判断力，表現力等〕C(1)エ
(3)　言葉がもつ価値を認識するとともに，読書を生活に役立て，我が国の言語文化を大切にして，思いや考えを伝え合おうとする。　　　　　　　　　　　　「学びに向かう力，人間性等」

ICT の活用場面

[ツール・アプリ等] ロイロノート・スクール（「以下「ロイロノート」）または SchoolTakt

- ●第1時　初発の感想の中で父の人物像をどのように捉えたか，またどの場面で最も心が揺さぶられたかを書く。（ロイロノート）
- ●第2時　前半と後半のそれぞれの思い出から，父の人物像がうかがえる叙述を共有ノートで書き出し，比較する。（ロイロノート）
- ●第3時　本作品の語りの効果等について考え，作品の魅力について書く。（ロイロノート）

知識・技能	思考・判断・表現	主体的に学習に取り組む態度
①本や文章などには，様々な立場や考え方が書かれていることを知り，自分の考えを広げたり深めたりする読書に生かしている。（(3)エ）	①「読むこと」において，観点を明確にして，表現の効果について考えている。（C(1)エ）	①進んで文章の構成や表現の効果について考え，学習課題に沿って考えたことを文章にまとめようとしている。

3　単元の指導計画（全3時間）

時	主な学習活動 ★個別最適な学びの充実に関連する学習活動 ●協働的な学びの充実に関連する学習活動	・評価規準と評価方法
1	・学習目標を確認し，本文を通読する。 ●初発の感想の中で，父の人物像をどのように捉えたか，また読んでいてどの場面で最も心が揺さぶられたかを書き，意見交流する。 ・父の人物像を共有し，人物像の捉え方に幅があることを確認する。 ★作品を大きく二つに分け，前半の「手紙のエピソード」または後半の「葉書のエピソード」について，概略，登場人物，父の人物像等をそれぞれ整理する。 ●グループで分担し，共有ノートを用いて父の人物像とそれがどのような叙述から読み取ることができるかをまとめ，全体で確認する。	
2	・「手紙」と「葉書」，それぞれの思い出における父の人物像やその心情の描かれ方の違いについて考える。	

	●初発の感想の「最も心が揺れ動いた場面」を想起し，父の言動の描写のうち，自分が最も効果的だと考える表現をロイロノートに入力し，全体で共有する。 ★「字のない葉書」の人物の言動の描写の効果について考え，ロイロノートにまとめて提出する。 ●4人程度のグループを編成し，人物の言動の描写の効果について考えたことを話し合う。 ★交流したことを踏まえ，ロイロノートにまとめた内容を修正して再度，提出する。	［主体的に学習に取り組む態度］① 観察・ロイロノート ・自分とは異なる考えを生かし，文章を読み返しながら，表現の効果について考えたことを修正し，文章にまとめようとしている。 ［思考・判断・表現］① ロイロノート ・前半と後半のエピソードにおける父の人物像や心情の描かれ方を比較し，人物の言動の描写が，文章の内容を伝えたり印象付けたりする上で，どのような効果をあげているかを考えている。
3	・「字のない葉書」の語りについて考察し，父に対する「私」の思いについて，叙述に即して考える。 ・「ごはん」（向田邦子）を通読する。 ・「字のない葉書」と「ごはん」の内容や描写から読み取れる「私」の父への思いについて考えたことを交流する。 ・第1学年で学習した，工藤直子「えんぽう」と米倉斉加年「大人になれなかった弟たちに……」等を想起し，書き手の立場や考え方によって文章に表される思いや考えが異なることを確認する。 ●「ごはん」等の文章とあわせて読むことで，「字のない葉書」に込められた書き手の思いについて自分の考えがどのように広がったり深まったりしたかを振り返り，これからの自分の読書に生かしたいことを考え，4人程度のグループで交流する。 （★交流を踏まえ，400字程度の文章にまとめる課題については，1週間程度の期限を設けて取り組ませ，ロイロノートで提出させる。）	［知識・技能］① ロイロノート ・随筆は，書き手がそれぞれの立場や考え方から，自分の思いや考えなどを書き表したものであることを理解し，文章を読んで自分の考えを広げたり深めたりしている。

4 個別最適な学びと協働的な学びの充実に向けた指導のポイント

(1) 個別最適な学びを充実させる視点から

　第1時の後半では，「字のない葉書」の構造と内容を大まかに確認するため，文章全体を大きく二つに分け，前半に描かれている「手紙」のエピソードと後半に描かれている「葉書」のエピソードの概略，登場人物，父の人物像等をそれぞれ整理する。この学習自体はそれほど難しいものではないので，個人で考えながら取り組むことにしているが，うまく学習を進めることが難しい場合には，教師が事前に作成した次の二つのヒントカードを適宜，データで参照させながら，重点的に指導する。

- ・ヒントカード①　簡略な人物相関図
- ・ヒントカード②　デジタル教科書の文章のうち，ポイントとなる箇所にマーカー機能で線引きした画像

　第2時では，人物の言動の描写の効果について考える。その際，教師が生徒全員に与えた同一の表現の効果を考えさせるのではなく，生徒一人一人が自分の特性や興味・関心等に応じて効果的だと捉えた表現について考えさせたい。そこで，読み手である自分の「最も心が揺れ動いた場面」に着目させ，その場面における人物の言動の描写として効果的な表現を選び取らせることにした。しかし，このような学習の場合，すぐに表現を選び取ろうとする生徒もいれば，じっくりと時間をかけて考えて表現を選び取ろうとする生徒もいる。そこで，ロイロノートに入力させ，全体で共有しながら学習を進めることにした。このことにより，教師は，どの生徒が表現を選ぶことができたかを即座に確認することができる。また，早く表現を選んだ生徒であっても，他の生徒の選んだ表現を参照することで，改めて考え直すこともできる。なかなか決めることができない生徒に対しては，教師がその生徒の考えを聞きながら，個別に対応することもできる。限られた時間ではあるが，それぞれの生徒が自分に合った学習の進め方で考えを深められるようにすることが大切である。

　その後，生徒は，人物像や心情の描かれ方という観点から，人物の言動の描写の効果について考えたことを文章にまとめる。ここでも，すぐに考えを文章にまとめようとする生徒もいれば，じっくりと時間をかけてまとめようとする生徒もいる。そこで，一度，ロイロノートで提出させ，グループごとにそれぞれの考えを話し合った後で，再度，自分の考えをまとめさせることにした。この間，話し合いの中で，一度提出したものを加筆修正したり，話し合い後に改めて考え直して加筆修正したりするなど，それぞれの学習の進め方に合わせて，考えを自由に再構築することができるようにした。第2時の終わりに一度，全員提出するが，その後も1週間程度の期間を設けて，自由に加筆修正して再提出してよいこととした。また，提出された時点で，［思考・判断・表現］①の評価規準により「Cと判断する状況」に該当するものについては，教師が個別に助言をコメントして返却し，再提出させることで重点的に指導することが

A
話すこと
聞くこと

B
書くこと

C
読むこと

大切である。

　なお，第3時の課題についても，授業終了後から約1週間後を提出期限とすることで，生徒一人一人が家庭学習等を活用しながら，自らの特性や学習進度，学習到達度等に応じて学習の進め方を調整して取り組むことができるようにしている。

（2）協働的な学びの充実に向けた視点から

　第1時では，初読の感想を互いに共有し，学習の動機付けとしたい。本単元においては，初読の感想で書いた「父の人物像をどのように捉えたか」「読んでいてどの場面で最も心が揺さぶられたか」の共有が，人物の言動の描写，筆者の語りなど表現の効果についての学習の発端となる。「なぜ人物像の解釈にこのような違いが生まれるのだろう。」「なぜ自分はこの場面で心を揺さぶられたのだろう。」という問いは，学習者を本文に何度も向かわせる原動力となる。画面上で共有して終わらせるだけではなく，教師が生徒とやり取りしながら，生徒同士でも意見を交流させたい。

　その後，ロイロノートなどの共有ノートで，父の人物像とそれがどのような叙述から読み取れるかをまとめる学習活動を行う。「手紙のエピソード」と「葉書のエピソード」とでは父の人物像の語られ方が異なり，挙げられる人物像や，着目した叙述もグループ間で差が出る。各グループの話し合いに教師も参加し，絶えず「なぜそのような人物だと考えたのか。」「どこからそれを読み取ることができたのか。」「なぜこのような違いが生まれているのか。」と問い，生徒が自分のことばで答えていく過程での気付きを促していく。特に文章の叙述に着目して考える力を育成するに当たり，教師が一律に解釈を与えるのではなく，「協働的な学習」の中で，生徒一人一人の異なる考え方が組み合わさることで，よりよい学びを生み出せるようにしたい。その際，例えば，父の人物像について，手紙の中では「律儀」「丁寧」など，日常の姿からは「暴君」「自己中心的」などが挙げられるが，「どちらの姿が本当の父の姿なのだろう。」と揺さぶりをかける。このような教師のちょっとした揺さぶりにより，生徒たちは「手紙にこそ本当の姿が表れている。」「いや，それは取り繕っているだけだ。」「どちらの姿も，本当の父の姿だ。」「いや，大酒を飲んだときはさ……」などと人物像の探究に向かっていく姿が見られた。協働的に学ぶ学習展開においては，生徒たちの学習の様子を丁寧に見取りながら，適宜このような揺さぶりを教師が行っていくことが鍵とも言える。

　第2時で人物の言動の描写の効果について考えたことを話し合う場面や，第3時で他の文章と比較して自分の考えがどのように広がったり深まったりしたかを振り返り，これからの自分の読書に生かしたいことを考え，交流する場面でも，教師が各グループでの話し合いの様子を確認しながら，適宜助言したり，揺さぶりをかけたりすることで，生徒たちの学びを深めていくことが大切である。

5　授業の実際

●第1時

①学習目標を確認し，本文を通読する。

・本単元の目標「表現方法に着目し，人物像とその心情を読み深める」を確認する。

・通読する前に，初発の感想の中で「父の人物像をどのように捉えたか」「読んでいてどの場
面で最も心が揺さぶられたか」について書くことを予告し，必要に応じて本文に線を引くよ
う伝える。

②初発の感想の中で，父の人物像と最も揺さぶられた場面を書く。

・1人1台端末を使用し，初読の感想を書く。その際，「父の人物像をどのように捉えたか」
「読んでいてどの場面で最も心が揺さぶられたか」を書く。1人1台端末を用いることで，
後の共有がスムーズになる。

・ロイロノートやSchoolTaktなどを用いて，それぞれが捉えた父の人物像を共有する。（以下
の資料はSchoolTakt）

礼儀　昔気質　筆まめ　丁寧　気　優しさ　横暴　威張る　娘　勉強　暴君　威厳　乱暴　心配　人柄　照れ　思い　律儀　愛情　昭和　子ども　自己中心　手紙　癇癪

・父の人物像の捉え方に幅があることに気付かせ，これから表現方法に着目する中で，人物像
を読み解いていくことを確認する。

③文章前半に描かれている「手紙」のエピソードと後半に描かれている「葉書」のエピソード
について，概略，登場人物，父の人物像等をそれぞれ整理する。

・6人程度の生活班を分割して3人程度のグループに分かれ，「手紙」のエピソードまたは
「葉書」のエピソードを担当し，父の人物像について読み取ったことを書き出す。1人1台
端末の共有ノートなどを利用し，教科書の叙述を確認し相談しながらまとめていく。

・教師は，各グループの学習の様子を確認しながら，必ずどの叙述からそれを読み取ったのか
を明確にするよう指導する。

●第2時

① 「手紙」と「葉書」，それぞれのエピソードにおける父の人物像やその心情の描かれ方の違いについて考える。

・人物像を探るために，どのような叙述をもとに考えたかを比較し，「手紙」のエピソードでは書き手が父の人物像を直接的に述べている表現や，「手紙」の中の言葉遣い，「三日にあげず手紙をよこした」などの行動によって描写していること，「葉書」のエピソードでは，書き手は父の人物像を直接語ることがないため，「やせた妹の肩を抱き，声を上げて泣いた」など自分が見た父の言動を描写していることを指摘させる。

・「手紙」と「葉書」では語りの特徴が異なることに気付かせ，その理由について考えさせる。「手紙」の内容は「私」に関わることであり，「葉書」は妹に関わることであることが語りの特徴の違いに結び付く点について考えさせる。

② 初発の感想の「最も心が揺れ動いた場面」を想起し，父の言動の描写のうち，自分が最も効果的だと考える表現をロイロノートに入力し，全体で共有する。

・早く表現を選んだ生徒は，他の生徒が選んだ表現を参照することで考えを深め，別の表現を選び直してもよいことや，なかなか表現を選ぶことができない生徒は，他の生徒が選んだ表現を参照しながら自分が選ぶ表現を決めてもよいことを伝える。

③ 「字のない葉書」の人物の言動の描写の効果について考え，ロイロノートにまとめて提出する。

・できる限り同じ描写を選んでいる生徒でグループを編成し，人物の言動の描写の効果について考えたことを話し合う。

・異なる描写を選んでいる生徒でグループを編成し，人物の言動の描写の効果について考えたことを話し合う。

・話し合いの途中で，適宜ロイロノートにまとめた内容を加筆修正していく。

④ 交流したことを踏まえ，この文章における人物の言動の描写が，内容を伝えたり印象付けたりする上で，どのように働いているかについて改めて考え，ロイロノートにまとめていた内容を読み直し，必要に応じて加筆修正して提出する。

・一度提出したものを加筆修正したり，話し合い後に改めて考え直して加筆修正したりするなど，それぞれの学習の進め方に合わせて，考えを自由に再構築できるように，1週間程度の期間を設けて，自由に加筆修正して再提出してよいこととする。

●第3時

① 「字のない葉書」の語りについて考察し，父に対する「私」の思いについて，叙述に即してどのように読み取れるかを考える。

・「私」の父への思いは，文章の中でははっきりとは語られていない。このことを受け，「私」

は父のことをどう思っているのだろうか，と問い，意見交流をする。

・意見交流を，本作品の語りの特徴についての意見交流につなげる。生徒からは，次のような意見が出されることが想定される。

　「回想そのものはあまり感情的にはならず，出来事についてユーモアを交えながら淡々と語っている。しかし，取り上げたエピソードの内容や，『最も心に残るもの』『あれから三十一年』というような表現からも，余韻とともに「私」の亡くなった父への思いや家族の絆が伝わってくる。」

②「ごはん」（向田邦子）を通読し，「字のない葉書」と「ごはん」の描写から読み取れる「私」の父への思いについて考え，意見を交流する。

・向田邦子が「父」について書いたもう一つの随筆「ごはん」を「字のない葉書」とあわせて読むことで，「書き手である向田邦子がどのような立場から，それぞれの作品を書いているのか。」「それぞれの作品で，自分のどのような思いや考えを伝えようとしているのか。」などということについて自分の考えをもつことを促す。

③第１学年で学習した，工藤直子「えんぽう」（随筆二編）と米倉斉加年「大人になれなかった弟たちに……」を振り返り，「えんぽう」における父に対する「私」の思い，「大人になれなかった弟たちに……」における母やヒロユキに対する「僕」の思いについて想起する。

・「字のない葉書」とそれらの随筆に「戦争」や「父に対する思い」という共通点があっても，作品に書き表されている書き手の思いや考えは書き手の立場や考え方によって異なることを確認し，文章が様々な立場や考えから書かれていることを理解する。

④「ごはん」やこれまでに自分が読んだ文章と比較することで，「字のない葉書」に込められた書き手の思いについて自分の考えがどのように広がったり深まったりしたかを振り返り，様々な文章を読んで考えるという今回の学習を，これからの自分の読書にどう生かしたいかについて400字程度で書き，共有する。

・１人１台端末を用いて，書く内容についてロイロノートで構成メモをつくり，グループで共有し，それぞれの考えを交流する。

・交流を踏まえて構成メモを修正し，単元の学習を振り返る。

・400字程度の文章にまとめる課題については，１週間程度の期限を設けて取り組ませ，ロイロノートで提出させる。

（佐藤　晶子）

A
話すこと
聞くこと

B
書くこと

C
読むこと

「夏の葬列」を読む
～観点を明確にして表現の効果について考える～

09

教　材　「夏の葬列」（教出）
関連教材：「少年の日の思い出」（光村・東書・教出・三省・いずれも1年）

1　単元について

　本教材は，タイトルの「夏の葬列」からも分かるように人の生死がテーマに深く関わってくる重い内容の作品である。また，戦時中の艦載機による非人道的な射撃の描写もあり，戦争や平和について改めて考えずにはいられない。それらが相まって夏の湿度を彷彿とさせるじっとりとした読後感が残る作品と言えるだろう。

　しかしながら，主人公の呼称の変化，現在と過去の場面が交錯する構成，比喩表現の巧みさ，そして一時は罪責の念から解放された主人公が，その後自らの発言をきっかけに衝撃的な展開に陥ることなど，小説として読者を引き込む面白さがある。

　本単元では，このような教材の特色を生かし，話の展開，回想場面を入れた構成，登場人物の言動，表現の技法，人称の使い分け，情景描写などの観点を明確にして，表現の効果について考える力を育成することを目指す。

　本教材の性質から「戦争」という作品の背景をまるっきり切り離すことはできないが，そこに焦点を当てるのではなく，最終的に過去と向き合う決意をした主人公の生き方を見つめることで生徒自身の考えを広げ掘り下げることを試みたい。

2　単元の目標・評価規準

(1)　抽象的な概念を表す語句の量を増すとともに，類義語と対義語などについて理解し，語感を磨き語彙を豊かにすることができる。　　　　　　　　　　〔知識及び技能〕(1)エ
(2)　観点を明確にして，表現の効果について考えることができる。
　　　　　　　　　　　　　　　　　　　　　　　〔思考力，判断力，表現力等〕C(1)エ
(3)　文章を読んで理解したことや考えたことを知識や経験と結び付け，自分の考えを広げたり深めたりすることができる。　　　　　　　　　　〔思考力，判断力，表現力等〕C(1)オ
(4)　言葉がもつ価値を認識するとともに，読書を生活に役立て，我が国の言語文化を大切にして，思いや考えを伝え合おうとする。　　　　　　　　　　　「学びに向かう力，人間性等」

ICT の活用場面

[ツール・アプリ等] Google スプレッドシート　ロイロノート・スクール（以下「ロイロノート」）

●全時間共通　資料箱に入れ，学習の振り返りをする。（ロイロノート）
●第1時　　　語句を調べ，クラスで共有する。（Google スプレッドシート）
●第2～6時　自分の考えをまとめ共有・提出する。（ロイロノート）

知識・技能	思考・判断・表現	主体的に学習に取り組む態度
①抽象的な概念を表す語句の量を増すとともに，類義語と対義語などについて理解し，語感を磨き語彙を豊かにしている。((1)エ)	①「読むこと」において，観点を明確にして，表現の効果について考えている。(C(1)エ) ②「読むこと」において，文章を読んで理解したことや考えたことを知識や経験と結び付け，自分の考えを広げたり深めたりしている。(C(1)オ)	①進んで表現の効果について考え，学習課題に沿って自分の考えを文章にまとめようとしている。

A 話すこと 聞くこと

B 書くこと

C 読むこと

3　単元の指導計画（全6時間）

時	主な学習活動 ★個別最適な学びの充実に関連する学習活動 ●協働的な学びの充実に関連する学習活動	・評価規準と評価方法
1	★本単元の目標と本時の学習内容を確認する。 ★作品を通読してあらすじを把握し，感想や疑問点をまとめる。 ●学級全体で，教師が指定した語句について分担して調べたり例文を考えたりして，語彙を増やす。（Google スプレッドシート）	
2	・物語の基本的な設定と場面の構成を捉え，各場面の出来事について整理する。 ★物語の展開の仕方，回想場面を入れた構成，登場人物の言動，表現の技法，人称の使い分け，情景描写などに工夫が凝らされていることを確認し，自分が追究したい課題（表	

	現等）を複数挙げる。	
3	●前時に挙げられた追究したい課題（表現等）を共有し，課題を整理していくつかにまとめ，その中から，自分が追究したい表現の効果に関する課題を選択する。 ★自分が追究したい表現の効果に関する課題について考えて，ロイロノートにまとめて提出する。（文章だけでなく，図表やイラスト，思考ツール等，自分がまとめやすい形でまとめる。）	[主体的に学習に取り組む態度] ① <u>ロイロノート</u> ・文章を何度も読み返しながら，課題について考えたことをロイロノートにまとめようとしている。
4	●同じ課題について考えた生徒同士でグループを編成し，各自が考えた内容をロイロノートで共有しながら意見交流を行う。グループごとに共有ノートを用いて発表する資料を共同編集により作成する。	[主体的に学習に取り組む態度] ① <u>ロイロノート</u> ・他の生徒の考えを生かしながら，課題について考えたことをロイロノートにまとめようとしている。
5	●グループごとに追究した表現の効果について発表し，学級全体で意見交流を行う。 ★発表を踏まえ，自分が追究した表現の効果に関する考えをロイロノートに文章でまとめ，提出する。 ●これまでの学習を振り返り，表現の効果に着目して小説を読むときのポイントや面白さなど，小説の表現の効果について学んだことを，他の作品を読むときや自分の読書生活にどのように生かすかという視点でロイロノートにまとめ，共有する。	[思考・判断・表現] ① <u>ロイロノート</u> ・話の展開，表現の技法などの観点を明確にして，作品における表現の工夫が，作品の内容を伝えたり印象付けたりする上で，どのように働いているのかを考えている。
6	★第1時からの学習を踏まえ，「彼」の生き方について自分の考えをロイロノートにまとめる。 ●4人程度のグループで読み合い，感想を交流し，自分の考えを加筆修正して提出する。 ・第1時に学習した語句について，例文を作成する語彙テストに取り組み，語彙の定着状況を生徒自身が確認する。	[思考・判断・表現] ② <u>ロイロノート</u> ・「彼」の生き方について，自らの知識や経験と結び付けて考えたことを他者の考えと比べ，考えを広げたり深めたりしている。 [知識・技能] ① <u>語彙テスト</u> ・抽象的な概念を表す語句や，その語句と関連する類義語や対義語を適切に使った文を書いている。

4 個別最適な学びと協働的な学びの充実に向けた指導のポイント

(1) 個別最適な学びを充実させる視点から

　本教材は，回想場面を挿入した構成だけでなく，登場人物の言動がその後の話の布石となるような巧みな展開，印象的な比喩表現等の表現の技法，「彼」「僕」「俺」「自分」などの人称の使い分け，色彩や音を用いた印象的な情景描写など，中学生に学んでもらいたい要素が数多く盛り込まれている。教科書では，これらのいくつかを，複数の課題として提示して考えさせるような「みちしるべ」が示されている。しかし，これらの学習課題を教科書が示す順序で，一律の時間内で全ての生徒に考えさせた場合，生徒一人一人の興味・関心はもとより，文章理解や認知スタイル等の特性や，学習進度，学習到達度等の違いによってうまく学習を進めることができない生徒も出てくることが懸念される。

　そこで，本単元の第2時では，作品の構造と内容を簡単に確認しながら，本教材の特色である，話の展開，回想場面を入れた構成，登場人物の言動，表現の技法，人称の使い分け，情景描写などに工夫が凝らされていることについて，例を挙げながら簡単に確認した後，一人一人の生徒の特性や興味・関心等に応じて，追究したい課題（例：「現在−過去−現在」という構成にしたのはなぜか）や表現（例：「突然，彼は化石したように足を止めた」）を複数挙げさせる。それを学級全体で共有したものを，第3時では教師と生徒でやり取りしながら，まとめられるものはまとめ（例：「青々とした葉を波打たせた広い芋畑」「濃緑の葉を重ねた一面の広い芋畑」「芋の葉を，白く裏返して風が渡っていく」などの芋畑に関する描写をまとめて「芋畑の描写の効果」などとする），話の展開，回想場面を入れた構成，登場人物の言動，表現の技法，人称の使い分け，情景描写などの観点が明確となるよう，いくつかの課題を設定する。それらの課題から，生徒に自分で取り組みたい課題を決めさせる。このように生徒一人一人に応じた学習課題に取り組む機会を提供することで，生徒が主体的に学習に取り組み，本単元で重点的に育成を目指す「観点を明確にして表現の効果について考える」力を身に付けられるようにしたい。

　なお，例えば「表現の技法」のうち「直喩」の観点で見た場合，「化石したように足を止めた」「まるでゴムまりのように弾んで」「青空のような一つの幸福」などの様々な表現が挙げられる。これらは，学習課題としては「直喩の効果」としてまとめるが，第3時に個人で取り組む際には，それらの表現の中のどれか一つについて具体的に考えを深めていく生徒もいれば，いくつかの表現に共通する抽象的な要素について考えをまとめていく生徒もいる。課題に取り組ませる前には，今回の学習では，このように個別具体の表現の効果を掘り下げる考え方や，いくつかの表現に共通する要素を抽象化してまとめる考え方などがあることを例示し，自分が得意とする方法で学習を進めることを促すようにする。その上で，第4時にそれぞれの考えを持ち寄り，「直喩の効果」としてグループでまとめていくことを理解させ，見通しをもって学習に取り組めるようにしたい。

また，自分が追究したいと選んだ表現の効果に関する課題について考え，ロイロノートにまとめる際にも，それぞれが得意とする学習の進め方で取り組ませたい。自分の思考を一つのまとまりとして文章化できる生徒は文章でまとめればよいし，いくつかの考えを付箋で書き出してからカテゴリーごとに分類しながらまとめてもよい。図表で整理したり，イラストでイメージを膨らませたり，ノートなどの紙に手書きでまとめたり，ロイロノートにある各種思考ツールを用いたりするなど，自分が得意とするまとめ方で自由にまとめさせたい。（紙でまとめた場合は端末で撮影させた画像をロイロノートに保存させる。）

　このような学習の場合，興味・関心があっても，それぞれの表現の効果についてどのように考えていったらよいかを理解していないと，うまく学習を進められなくなってしまう。教師は，一人一人の学習に取り組んでいる様子を確認しながら声をかけることに加え，第3時や第4時に途中経過として提出させるロイロノートの記述等から生徒の学習の進め方を確認し，支援が必要な生徒に対しては，コメントによる具体的な助言をつけて返却するなどして重点的な指導を行うことが重要である。

(2) 協働的な学びの充実に向けた視点から

　第1時ではGoogleスプレッドシートを活用し，語句の意味調べを学級全体で協働して行う。今回のシートには語句の意味だけでなく例文の欄を加えている。語彙を豊かにするには文章中や実生活での活用が必須であるため，クラスメートの作成した短文を共有することは有効な手立てになると考えた。その際，語句の使い方が不自然だと感じられるものについては，疑問点や改善案を加筆させていくことにした。生徒一人一人が，それまでに経験してきた生活体験や言語環境によって，語句の意味や使用方法を誤って理解している場合が見受けられる。このような形で例文を共有し互いに確認し合うことで，語句の意味やその用い方に関する新たな発見を得られるようにしたい。また，検索した画像なども貼り付けることができるため，語句の量を増やす新しい視座が得られると考える。この学習状況は，教師が一覧で確認できるため，特徴的な誤りや，優れた例文等については適宜教師が取り上げて，誤った理解を改めたり，よい発想等を評価したりすることで，語彙に関する理解を一層深められるようにすることが重要である。

　なお，第2時から第6時にかけてはグループや学級全体で意見を交流する時間を設けている。ロイロノートを使って他者の考えを共有することは，支援が必要な生徒にとっても学習の手助けとなるだろう。有意義な時間にするために，始める前に学習者が何のためにこの意見交流をするのか目的を明確にしておくことも重要である。「自分とは反対の意見を知って視点を変えるため」や「自分の考えを整理する手掛かりを得るため」など，その時間の学習課題と生徒個人に応じた助言を行う。交流後はそのままで終わらずに，気付いたことや新たな疑問などをもとに自分の考えを再構築する時間を十分に取る授業展開にすることが大切である。

5 授業の実際

●第1時

まず本単元全体の目標と本時の学習内容を確認し，学習活動に見通しをもつことから始める。本単元では，「夏の葬列」を読み，表現の効果について考えたことをグループ別に発表し，その後，個人で考えをまとめることを通して，「観点を明確にして表現の効果について考える」力を重点的に身に付けることを理解させる。また，登場人物である「彼」の生き方について，自らの知識や経験と結び付けて考えたことを他者の考えと比べ，考えを広げたり深めたりすることや，抽象的な概念を表す語句の量を増すとともに，類義語と対義語などについて理解し，語感を磨き語彙を豊かにすることも学習の目標であることを伝え，この後の作品の通読に目的意識をもって取り組むことができるようにしたい。

その上で，作品を通読してあらすじを把握し，疑問点や感想をワークシートにまとめる。通読する際に疑問をもった語句や気になる語句，印象に残った表現等に線を引きながら読ませるようにする。このことが，この後の学習にも結び付くからである。

続いて，Google スプレッドシート（下図参照）を用いてクラスで情報を共有しながら意味調べを行う。学習集団の実態に応じて担当を割り振って編集作業をするとよい。著作権や出典に注意しながらインターネットの検索機能を活用するとともに，国語辞典を併用して調べさせることが望ましい。

この学級全体で作成したシートをもとに，単元の終了時に語彙テストを出題することを予告し，家庭学習で語彙の学習に取り組むことができるようにする。シートの語句の中から，教師が指定した五つ程度の語句を用いて，その意味を踏まえて適切な例文を作成するテストである。

夏の葬列（意味調べ）　2年　組　編集

担当者	ページ	行	語句	意味	例文	対義語・類義語など	備考（出典他）
1	174	1	（もの珍し）げ	［形容動詞語幹をつくる］ようすやけはいの趣をあらわす。	妹はうれしげに今日の出来事を話し出した。	わけありげ 腹だたしげ	新選国語辞典（小学
2		4	なまなましい				
3	175	1	やや				
4		1	起伏				
5		6	錯覚				
6		8	呆然				
7	176	5	（姉さん）ぶる				
8	177	5	とたんに				
9		9	絶好				
10	178	11	衝撃				

●第2時

　物語の基本的な設定と場面の構成を捉える。時間や場所，主な登場人物など基礎的な内容の確認を行う。また，それぞれの場面で起こった出来事を整理するが，回想場面がどこに挿入されているかをあわせて押さえておく。ここでは，第1学年で学習した「少年の日の思い出」を想起させ，その印象の違いなどについて簡単に生徒とやり取りを行っておく。

　デジタル教科書や国語便覧などの資料を活用して時代背景の理解を深める。写真などの画像は生徒の状況に配慮しながら使用する。

　その後，学級全体で，印象に残った表現等を自由に挙げさせながら，物語の展開の仕方，回想場面を入れた構成，登場人物の言動，表現の技法，人称の使い分け，情景描写などに工夫が凝らされていることを確認する。その上で，自分が追究したい課題（表現等）をロイロノートで共有しながら，できるだけたくさん挙げていく。ここでは，本文を読み返し，前時に自分が線を引いた箇所等を確認したり，他の生徒が記入したものも参照したりしながら次々に挙げさせていく。

●第3時

　前時に共有したロイロノートを見て，教師が学級全体とやり取りしながら課題を整理していくつかにまとめていく。生徒には，その中から自分が追究したい表現の効果に関する課題を選択させる。その後，選択した課題について各自取り組み，ロイロノートに考えたことをまとめて提出する。（この段階で，同じ課題を選んでいる生徒を確認し，次時のグループ編成を決めておくとよい。）

●第4時

　同じ課題について考えた生徒同士でグループを編成し，各自が考えた内容をロイロノートで共有しながら意見交流を行う。グループごとに共有ノートを用いて発表する資料を共同編集し，次時の発表の準備を行う。

●第5時

　グループごとに追究した表現の効果について発表する。発表後，聞き手側から質問や感想，意見を出させるが，必要に応じて教師が質問したり，聞き手の生徒に対して意見を求めたりしながら，生徒の考えを深めさせたい。

　発表の後は，他のグループの発表の内容も参考にしながら，自分が追究した表現の効果に関する考えを改めてロイロノートに文章でまとめさせ，提出させる。これまでは自分が得意とする方法で考えをまとめさせてきたが，ここでは，あえて文章でまとめさせることで，自分の考えを一つのまとまりのある思考として表出させたい。

そして，課題を提出した生徒から，これまでの学習の振り返りに取り組ませる。ここでは，表現の効果に着目して小説を読むことの面白さや，その場合のポイントなど，小説の表現の効果について学んだことを，他の作品を読むときや自分の読書生活にどのように生かすかという視点でロイロノートにまとめさせ，共有させていく。これは，「夏の葬列」を教材とした学習で身に付けた「観点を明確にして表現の効果について考える」力を，他の文学作品を読む際にも活用できるような形で意識させるための活動である。この内容は，今回の観点別学習状況の評価の対象とはしないが，個人内評価として積極的に評価して本人に伝えたり，学級全体で取り上げて紹介したりしたい。なかなかまとめることができない生徒がいた場合には，共有ノートを見て，既に書いてある他の内容を読んで自分の考えをまとめてもよいことを伝えておくと，安心して課題に取り組むことができるであろう。

最後に，数名の生徒に発表させ，この教材で学んだことを，他の場面でも使えるようにすることが大切であることを意識させたい。

●第6時

第1時からの学習を通して学んだことをもとに，登場人物である「彼」の生き方について自分の考えをもち，他の生徒との交流を通して自分の考えを広げたり深めたりする。

はじめに，過去の傷に触りたくない一心で海岸のこの町を避け続けてきた「彼」が，町を再訪した背景や心情を考える。文章中に答えは記載されていないが，登場人物である「彼」の生き方について自分の考えをもつための重要な問いである。彼が町に降りたのは「あの記憶を自分の現在から追放し，過去の中に封印してしまって，自分の身を軽くするため」だと第5場面中に記されている。しかし，中にはこの行動に違和感を覚える生徒もいるだろう。「過去の記憶を封印するために町を訪れる必要はあっただろうか。記憶を追放するためには町を訪れない方がよいという考えをもつ人の方が多くないだろうか。」というような教師からの問いかけによって，生徒の思考に揺さぶりをかけたい。

その上で，登場人物である「彼」の生き方について，自分の知識や経験と結び付けて改めて考えていく。「彼」は葬列に遭遇したことを「偶然の皮肉」と表現しているが，この偶然がなければ「彼」の生き方は変わっていたかもしれない。グループで互いの考えを読み合って感想を交流する際は，各グループでの話し合いに教師も参加し，様々な視点の考えを取り上げることで，過去と向き合う決意をした「彼」の生き方について生徒一人一人が自分の考えを広げたり深めたりできるようにしたい。

（西塔麻美子）

文章と図表を結び付けて読み，図表の効果を考えよう

10

教 材 「クマゼミ増加の原因を探る」（光村）

1 単元について

　本単元は，第2学年〔思考力，判断力，表現力等〕C読むこと(1)ウの指導事項「文章と図表などを結び付け，その関係を踏まえて内容を解釈すること」を重点的に指導する単元である。文章と図表を結び付けて読むことで，必要な情報を見つけたり，論の進め方について考えたりするということは，小学校の高学年で学んでいる。それを受けて，中学校2年生で文章と図表を結び付けて，文章の内容を解釈する際には，「それぞれどの部分とどの部分とが関連しているのかを確認するなどして，書き手の伝えたい内容をより正確に読み取ること，その結果どのような効果が生まれているのかを考えることが重要である」と「中学校学習指導要領（平成29年告示）解説 国語編」には示されている。本単元では，「図表の効果を説明する」という言語活動を通して，文章と図表を結び付けて読むことでどのように理解が深まるか等，その効果を考えさせ，育成を目指す資質・能力を効果的に身に付けさせていきたい。

2 単元の目標・評価規準

(1) 文章の構成や展開について理解を深めることができる。　　　　　　〔知識及び技能〕(1)オ
(2) 文章と図表などを結び付け，その関係を踏まえて内容を解釈することができる。
　　　　　　　　　　　　　　　　　　　　　　　　　〔思考力，判断力，表現力等〕C(1)ウ
(3) 言葉がもつ価値を認識するとともに，読書を生活に役立て，我が国の言語文化を大切にして，思いや考えを伝え合おうとする。　　　　　　　　　　　「学びに向かう力，人間性等」

知識・技能	思考・判断・表現	主体的に学習に取り組む態度
①文章の構成や展開について理解を深めている。((1)オ)	①「読むこと」において，文章と図表などを結び付け，その関係を踏まえて内容を解釈している。(C(1)ウ)	①粘り強く文章と図表などを結び付け，学習課題に沿って図表の効果を説明しようとしている。

ICT の活用場面

[ツール・アプリ等] デジタル教科書　Microsoft Teams　Microsoft Forms
Microsoft Office Word　Power Point

- ●第1時　構成・展開の理解・共有をする。（デジタル教科書，Teams）
- ●第3時　図表の効果の共有をする。（Teams）
- ●第4時　全体発表をする。（Word，PowerPoint）

3　単元の指導計画（全4時間）

時	主な学習活動 ★個別最適な学びの充実に関連する学習活動 ●協働的な学びの充実に関連する学習活動	・評価規準と評価方法
1	★今までの学習の振り返りをノートに書く。 ・過去の学習から説明的な文章の読み方について大切なことを思い出し，特に文章の構成・展開について学んできたことを整理する。 ・文章と図表などを結び付けて読むことについて小学校5・6年生で学んだことを中心に思い出し，留意すべきことを整理する。 （第3時以降に図表の効果を考えさせるために，ここでは，図表を省いた本文だけを記載したプリントを教師が用意し，生徒に通読させる。） ★分からない語句はデジタル教科書や国語辞典等を活用し，その場で調べる。 ★本文には小見出しがついているので，小見出しごとに区切られた文章のまとまりが，「序論－本論－結論」のどこに当てはまるかを考える。 ★「序論」と「結論」の内容を簡単にまとめる。（必要な生徒は，ワークシート①（資料1）を用いてまとめる。） ●個人で考えた後，全体で共有する。 ★全体で共有したものを，必要に応じて自身のノート等に追記する。	[知識・技能] ① <u>ワークシート①</u> ・「序論－本論－結論」の文章の基本的な構成を理解し，教材文を「序論－本論－結論」のまとまりに分けている。
2	★ワークシート②（資料2）を用いて，筆者の主張と根拠をまとめる。 ●グループでワークシート②を共有し，筆者の主張と根拠を確認する。	

	●グループごとにまとめたワークシート②を Teams に投稿し，それを見合いながら，学級全体で筆者の論の展開を確認する。	
3	★図表が掲載されている教科書を読み，図表の効果を文章と照らし合わせて考える。 ★ワークシート②を用いて，筆者の主張と根拠をまとめる際に分かりにくかった点については，図表と結び付けて読むことで分かりやすくなったかどうかを考える。 ★各図表がどのような効果を意図して用いられているかについて考える。余裕のある生徒は，発展的な課題として，その図表の改善点または文章の内容を理解する上で他に必要とする図表を考える。 ●グループで図表の効果等を共有する。 ●グループで出た意見を，Word または PowerPoint にまとめる。	[思考・判断・表現] ① <u>Word（PowerPoint）</u> • 文章のどの部分と各図表のどの部分とが関連しているのかを確認し，内容を正確に捉えるとともに，各図表を用いることでどのような効果が生まれているのかを考えている。
4	●前時にまとめたファイルを用いて，文章中の図表の効果についてグループごとに学級全体で発表し，共有する。 ★単元の学習について振り返る。	[主体的に学習に取り組む態度] ① <u>振り返りワークシート</u> • 単元の学習を振り返り，文章と図表を結び付けて，内容を解釈するために工夫したことや，図表の効果を説明する上で試行錯誤してうまくできたことや改善したいことについてワークシートにまとめている。

4　個別最適な学びと協働的な学びの充実に向けた指導のポイント

(1) 個別最適な学びを充実させる視点から

　本単元では，まず，第1時に説明的な文章の構成や展開，文章と図表などを結び付けて読む
ことについて振り返らせた上で，文章構成をまとめる学習に取り組む。個人で教材文を読み返
しながら，小見出しごとに区切られた文章のまとまりが，「序論－本論－結論」のどこに当て
はまるか考え，「序論」と「結論」の内容を簡単にまとめる。ここでは，これまでの学習で身
に付けた知識等を活用して，できる限り自力で取り組ませたい。うまく学習を進められない生
徒には，事前に教師が作成しておいた，ヒントとして使えるワークシート①（資料1）を参照
しながら学習を進めさせるようにする。このワークシートには，うまく学習を進めることが難
しい場合の支援として文章構成を捉えるポイントや，内容をまとめる際のヒントを記載してい
る。このワークシートを Teams 上で見られるようにしておき，生徒が自由に1人1台端末を
用いてアクセスして確認することができるようにしておくのである。このことにより，生徒一
人一人の特性や学習進度，学習到達度等に応じて対応することができ，生徒も自分のペースで
学習を進めることができると考える。

　第2時は第1時に確認した構成を踏まえ，文章の論理の展開を捉えるが，その際に使用する
ワークシート②（資料2）は紙媒体で全員に同じものを配付する。しかし，文章の論理の展開
を適切に捉えることが難しい場合や学習の進め方に不安を感じるような場合は，ヒントが掲載
されたワークシート③（資料3）を Teams 上で見られるようにしておく。オンラインでヒン
トとなるワークシートを掲載しておくことで，全員一律に同じ教材を用いて同じように学習を
進めることを強制するのではなく，生徒一人一人の学習のペースを尊重することができる。た
だし，ヒントを見ながらプリントを記入した場合は，印をつけさせたり，色を変えて記入させ
たりすることが必要である。このようにすることで，生徒自身が振り返りの際に，自分はどこ
がよく分かっていなかったのかを明確にすることができると同時に，教師による個別の支援の
一助とすることができるからである。

　第3時においては，教科書の図表が本文に対してどのような効果を意図して掲載されている
のかを考えさせる。その際，発展的な学習に取り組むことができるように学習課題を提示する。
生徒一人一人のこれまでの学習状況や興味・関心等に応じて，生徒自身が学習内容を選択し，
主体的に学んでいけるようにしたい。具体的には，上述の課題のみでなく，掲載されている図
表がその効果を十分に達成しているかどうかを考えさせる。例えば，図1（資料4）では2008年
に行ったセミの抜け殻調査の結果が棒グラフで示されている。このグラフでは，大阪市内，市
外，市外（山の上）でそれぞれどの種類のセミの抜け殻がどのくらいあったのかという割合が
示されている。この図では，「大阪市内の公園や大学では，やはりクマゼミが圧倒的に多く」
と書かれていることを視覚的に示そうという意図が見られる。また，その続きには，「かつて

はよく見られたアブラゼミは二割以下に，ニイニイゼミやツクツクボウシはいなくなっていた」と書かれており，かつての状況と比較している。しかし，「かつて」がいつを指すのか，その当時はどのような割合だったかということは，この図1のグラフからは不明である。「かつてはよく見られた」というのはあくまでも筆者の主観によるもので，客観的な根拠となるものがないのである。よって，「かつて」がいつで，その当時はどのような割合だったかも示す必要があるという指摘をすることも可能である。このように，この発展的な課題において，生徒は今まで学習した図表のある文章との比較などをしたり，自らの既有知識を活用したりしながら，文章を批判的に読むという質的な高まりや深まりのある学習に取り組むことになる。これは，次に示す協働的な学びにおいても，学びの質を高めたり深めたりする役割を果たすと考える。

(2) 協働的な学びの充実に向けた視点から

　協働的な学びを充実させるためには，他者との交流の中で自分がもっていない様々な情報を取り入れることと同時に，自分がもっている情報を表出すること，そして，それらを踏まえて情報を再構築することが必要である。

　本単元では，基本的にどの時間における学習活動でも，まずは個人で考え，グループや学級全体で共有し，自分の考えと比較する流れにしている。ただし，特に第3時では個人で各図表の効果を考える際に，発展的な学習に取り組む生徒もいる。このため，グループでその図表の効果を共有する際には，同じような点に着目する生徒がいたとしても，それぞれの考えの質の高まりや深まりが様々な状況になっている。そのような考えの細かな異なりに着目して，どうしてそのように考えたのかということを生徒同士で説明し合うことで，一人一人の考えがより確かなものになるとともに，広がり深まっていくはずである。

　生徒が自らの学習状況や興味・関心等に応じて，自分に合った学習課題に取り組めるようにすることは，学習の個別化を図ることができるだけでなく，グループで協働的な学習に取り組む際に，一人一人の生徒が自分だけは気が付かなかった視点から文章を読み返し，図表の効果についてより深く考えることができるようにすることにも効果があると考える。

　第4時は，第3時にグループで本文と図表との関係を捉えながら考えた図表の効果について発表し，学級全体で考えを共有し深める場面である。第3時の資料4のような資料を各グループが作成しているので，それをスクリーンに投影しながら発表をさせる。このとき，発表しているグループ以外の生徒には発表を聞きながら，自分たちが考えたことと異なることや新たに考えたことなどをメモさせることが，各自の考えを広げたり深めたりすることにつながる。また，このような共有の場面では，同じような内容の発表が続くと生徒の緊張感が続かなくなることがある。そこで，最初のグループ以外は全ての図表の発表ではなく，前のグループと異なる内容のみを発表させるなどするとよい。また，Teams にまとめた資料を事前に投稿させ，教師が確認して内容が関連するグループを順番に発表させてもよい。

5　授業の実際

●第1時

第1時の流れは，本単元の目標を押さえさせた上で，まず本単元の学習と関連した既習事項を振り返るところから始める。文章の構成や展開について学んだことや，小学校のときに学習した文章と図表を結び付けて読むことについてである。この振り返りの際に，教科書の巻末付録としてついている説明的文章の学習事項をまとめた資料などを参考にさせるのもよい。

振り返りをした後は，本文を読んで文章の構成をまとめる。その際に使用するのが下に示したワークシートである（資料1）。

本教材は，「序論－本論－結論」の構成として捉えると理解しやすくなる。また，小見出しがついているため，それぞれの部分にどれが対応するかを考えることが容易である。しかし，それに気が付かないと取り掛かれない生徒もいることから，そうした生徒がヒントとして使えるように「序論－本論－結論」に分かれることを明示した下記のようなワークシートをTeams上で提示し，「序論－本論－結論」のそれぞれの部分に該当する小見出しを書き出すように指示をする。本論の詳細については第2時以降に確認する展開と関連することから，第1時のワークシートでは小見出しのみを記入するにとどめさせる。

なお，第3時以降に本文と図表を結び付けて，図表の効果を考え内容を解釈していくため，第1時，第2時では図表を省いた文章のみのプリントを用意し生徒に配付する。

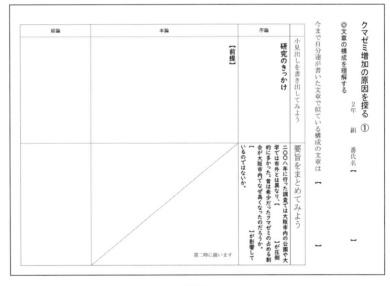

資料1

●第2時

第2時は，第1時で構成を理解しているため，論の展開に着目して内容を理解させる。その際に使用するワークシートの一部が資料2・資料3である。

資料2は全員に配付するワークシートで，これは展開が矢印などで示されており，生徒自身で本文を読みながら空欄を埋めていくことによって論の展開を捉えることができるようになっている。しかし，このワークシートを自力で完成させることが難しい場合は，資料3のような

要約の一部がさらに記載されているワークシートを Teams に掲載しておき，それを参考にしながら生徒が自分のワークシートを完成させることも可能にしておく。

　第2時ではこれらのワークシートを使ってまずは個人で論の展開を押さえ，次にグループでそれぞれが記入した内容を確認しながら，どのような因果関係によって筆者が結論を導いているのかを捉えさせる。この時間の最後は，グループで話し合ってまとめたワークシートをTeams に投稿させ，学級全体でそれらを共有し，論の展開を把握させる。学級全体で共有した内容で不足していた点がある生徒は，自分のワークシートに書き込みをするよう促す。

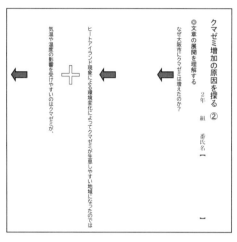
資料2

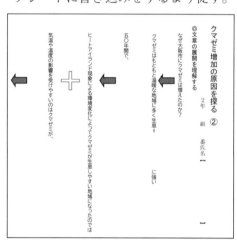
資料3

●第3時

　第3時では，本文と図表を結び付けて，内容を解釈し図表の効果を考えるため，本単元に入って初めて生徒は教科書を読むことになる。図表が加わると，文章だけで考えていたときよりもどのようなことがより明瞭になるかを考えていく。つまり，図表の効果を考えるということである。この学習活動は全員が行う学習活動であるが，先述の通り，文章だけを読んで理解していた内容に対し図表の内容が不十分であると考える生徒も出てくるだろう。そういった生徒には，発展的な課題として図表の効果を考えるだけでなく，図表の改善点とその理由を考えさせることを行う。

　第3時では上記の内容をまずは個人で行い，次にグループで共有し資料4のようにスライドにまとめていく。次ページの資料は発表時の資料の例である。こうした例は教師が第3時にグループで話し合いをさせる際に，最終ゴールとして生徒にイメージをもたせるために提示してもよい。一つのスライドに一つの図表を掲載しておき，第3時で個人とグループで考えた図の効果を書くようになっている。

　この際，指導事項である「文章と図表を結び付けて内容を解釈する」ために，必ず本文の「どこ」に対しての図表なのか，本文の「何」を「どのようにするため」の図表なのか，を書

かせる必要がある。これらの指示は授業のはじめに今回の授業の目標と関連付けて生徒に示すとよい。

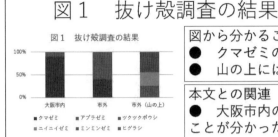

図1　抜け殻調査の結果

図から分かること
● クマゼミの割合が高いのは大阪市内
● 山の上にはクマゼミはいない

本文との関連　第三段落
● 大阪市内の公園や大学では…。〜生息していることが分かった。

この図はどういう効果をねらっているか
● 市外に比べて市内では圧倒的にクマゼミの割合が高いという現状を、一目で理解させる効果

改善点
●２００８年より以前のセミの状況のグラフ
本文では以前の状況と比べて書いているのに、以前の根拠が示されていないため

資料4
（図1は教科書の図表を参考に作成，実際の授業では教科書の図表を提示した）

● 第4時

　第4時は，第3時にグループで本文と図表との関係を捉えながら考えた図表の効果について発表する。第3時の資料4のような資料を各グループが作成しているので，それをスクリーンに投影しながら発表をさせる。発表しているグループ以外の生徒には発表を聞きながら，自分たちが考えたことと異なることや新たに考えたことなどをメモさせるとよい。各グループの発表は最初のグループ以外は全ての図表の発表ではなく，前のグループと異なる内容のみを発表させるなどするとよい。また，発表の順番は事前に Teams などにまとめた資料を投稿させておき，教師がチェックして内容が関連しそうなグループを当てて発表させるなどすると，内容が深まる。

　授業の最後の振り返りは，目標に対して試行錯誤したことなどを書かせたり，単元の最初に振り返った既習事項のことを今一度想起させて振り返らせたりするとよい。

（鈴木　真己）

文章の構成や論理の展開について考える 11

教材 「モアイは語る──地球の未来」（光村）

1 単元について

　本教材は「序論−本論−結論」で構成された文章である。「序論」で四つの問いを提示し，「本論」は，それぞれの問いに対する答えとその根拠を説明する四つの段落で構成されている。そして，「本論」を踏まえ，「結論」で筆者の主張が述べられている。

　「序論」から「本論」までの論理の展開は，問いと答えという明確な関係であり捉えやすい。ただ，導き出された答えが筆者の考察した結果であり，その根拠と答えの結び付きの妥当性は検討に値する。モアイの運び方やイースター島の文明崩壊の要因には諸説あり，筆者が問いの答えを導き出す際の「隠れた前提」などを考えることが必要である。

　また，「本論」から「結論」への論理の展開は，「本論」でイースター島は森林破壊によって文明崩壊したことを丁寧に説明し，「結論」でイースター島と地球との類似性から自分の意見を述べていると考えることができる。このように，根拠となる事柄から意見を導き出す方法が工夫されている点も本教材の魅力である。

　以上の点から，文章構成を考え，論理の展開を吟味する学習活動に適した論説文であると考える。

2 単元の目標・評価規準

(1) 意見と根拠の関係について理解することができる。　　　　　　　　　〔知識及び技能〕(2)ア
(2) 文章の構成や論理の展開について考えることができる。

　　　　　　　　　　　　　　　　　　　　　　　　　　〔思考力，判断力，表現力等〕C(1)エ
(3) 言葉がもつ価値を認識するとともに，読書を生活に役立て，我が国の言語文化を大切にして，思いや考えを伝え合おうとする。　　　　　　　　　　　「学びに向かう力，人間性等」

ICT の活用場面

[使用ツール・アプリ等] ミライシード（ムーブノート，オクリンク）　検索ブラウザ

● 第1時　語句の意味，イースター島に関する情報等を調べる。（検索ブラウザ）
● 第2時　四つの問いに対する答えと根拠の関係をまとめる。（オクリンク，ムーブノート）
● 第3時　「本論」と「結論」の関係をまとめる。（オクリンク）
● 第4時　文章の構成や論理の展開についての考えをまとめる。（オクリンク）
　　　　　文章の構成や展開についての考えを文章にまとめる。振り返り。（ムーブノート）

知識・技能	思考・判断・表現	主体的に学習に取り組む態度
①意見と根拠の関係について理解している。((2)ア)	①「読むこと」において，文章の構成や論理の展開について考えている。(C(1)エ)	①粘り強く意見と根拠の関係について理解を深め，今までの学習を生かして自分の考えを文章にまとめようとしている。

3　単元の指導計画（全4時間）

時	主な学習活動 ★個別最適な学びの充実に関連する学習活動 ●協働的な学びの充実に関連する学習活動	・評価規準と評価方法
1	・教師が示す単元の目標と学習活動の流れを受けて，学習の見通しをもつ。 ・教材文を読み，気になる語句の意味や，イースター島に関する情報等について，必要に応じてインターネット検索等によって調べる。	
2	・文章全体を「序論－本論－結論」に分ける。 ★「本論」を読み返し，「本論」で述べられている四つの問いに対する答えと根拠の関係をオクリンクのカードにまとめる。 ●4人程度のグループでカードを共有し，それぞれがまとめた答えと根拠の関係について説明し合い，意見を交流しながら加筆修正する。 ●学級全体で共有したカードを参照し，必要に応じて加筆修正して提出する。	[知識・技能] ① <u>カード（オクリンク）</u> ・「本論」で述べられている四つの問いに対する答えと根拠の関係について理解している。 [主体的に学習に取り組む態度] ① <u>観察・カード（オクリンク）</u> ・文章を読み返したり，他の生徒の考えを生かしたりしながら，「本論」で述べられている四つの問いに対する答えと根拠の関係を理解

		しようとしている。
3	★「結論」を読み返し,「結論」で述べられている筆者の主張と根拠を整理し,「本論」と「結論」の関係を考えてオクリンクのカードにまとめる。 ●4人程度のグループでカードを共有し,それぞれの考えについて説明し合い,意見を交流しながら加筆修正する。 ●学級全体で共有したカードを参照し,必要に応じて加筆修正して提出する。	[知識・技能] ① カード(オクリンク) ・「結論」で述べられている筆者の主張とその根拠の関係を理解している。 [主体的に学習に取り組む態度] ① 観察・カード(オクリンク) ・文章を読み返したり,他の生徒の考えを生かしたりしながら,「結論」で述べられている筆者の主張とその根拠の関係を理解しようとしている。
4	★筆者の主張と根拠の関係,「本論」と「結論」の関係を踏まえ,なぜこのような文章構成や論理の展開で書かれているのかを考え,オクリンクのカードにまとめる。 ●4人程度のグループでカードを共有し,それぞれの考えについて説明し合い,意見を交流しながら加筆修正する。 ●学級全体で共有したカードを参照しながら,「モアイは語る」の文章の構成や展開についての自分なりの考えを文章にまとめ,オクリンクのカードで提出する。 ・単元の学習を振り返り,主張を裏付けるための適切な根拠の在り方や,文章の構成や論理の展開について考えたことをまとめ,ムーブノートで提出する。	[思考・判断・表現] ① カード(オクリンク) ・筆者の主張と根拠の関係,「本論」と「結論」の関係を踏まえ,なぜこのような文章構成や論理の展開で書かれているのかを考えている。 [主体的に学習に取り組む態度] ① 観察・カード(オクリンク) ・文章を読み返したり,他の生徒の考えを生かしたりしながら,文章の構成や論理の展開についての自分の考えを,文章にまとめようとしている。

4　個別最適な学びと協働的な学びの充実に向けた指導のポイント

(1) 個別最適な学びを充実させる視点から

　中学校で教材として読む論説文は，全ての生徒にとって必ずしも興味・関心があるものとは限らないため，好き嫌いが分かれる傾向が見られる。小学校で読む説明的な文章に比べると，文章の量が増えることに加え，内容が専門的になり，抽象的な言い回しや表現，語彙が用いられているため，それらに関する既有知識の質や量が，説明的文章を読む際の理解の程度や学習意欲に大きく影響してしまう。

　そこで，第1時では，本文を読んだ後に，一人一人の生徒が自らの既有知識や興味・関心等に応じて，必要な情報を得られるように，自由に1人1台端末の検索ブラウザや辞書等を用いて調べる時間を設定した。この段階で，モアイの運び方やイースター島の文明崩壊の要因には諸説あることを知り，文章を読み返し理解を深めようとする意欲を高める生徒も出てくるであろう。

　また，第2時及び第3時では，それぞれ，「本論」で述べられている四つの問いに対する答えと根拠の関係，「結論」で述べられている主張と根拠の関係をオクリンクのカードにまとめるが，そのまとめ方は一人一人の生徒が得意とする方法でまとめさせる。箇条書きでまとめる方法，図表に整理してまとめる方法，思考ツールを活用してまとめる方法，手書きでまとめたノート等を撮影した画像を貼り付ける方法等，一人一人がこれまでの学習を振り返り，自分が得意とするまとめ方でまとめさせたい。そのため，個人での学習に入る前にこれまでの学習経験を想起させ，いくつかの方法の長所と短所などを簡単に教師が解説し，生徒一人一人が試行錯誤しながらそれぞれの学習の進め方に取り組めるようにしたい。

　一方，学習の進め方をうまく工夫することができない場合もあることから，必要に応じて生徒が端末でヒントカードを自由に参照できるようにしておく。このヒントカードは，「カード1」と「カード2」の2種類を用意している。学習の取り組み方が分からない場合には，何をどのような手順で進めるとよいかを記した「カード1」を参照し，基本的な学習の進め方を理解できるようにした。「カード1」の内容は，全員が取り組んで理解してほしい学習内容である。教師は，学習に取り組んでいる生徒の様子を確認しながら，支援が必要な生徒に対しては，「カード1」を参照するよう促し，それぞれの学習の状況に応じて重点的な指導を行う。

　「カード2」は，学習内容を深めるような発展的な内容を示し，学習を早く進めている生徒に参照させる。例えば，第2時の学習では，「カード2」として，「本論」で述べられている四つの問いに対する答えと根拠の妥当性を考える内容を提示している。教科書本文には出てこない，「モアイ像をロープで揺らして移動させた説」を紹介することで，筆者の論理の展開における「隠れた前提」（モアイ像の移動には「ころ」を使う）を考察させるなど，学習進度や学習到達度に応じた指導を工夫する。第3時の学習では，「カード2」として，本文で用いられ

ている「類似性に着目して根拠から意見を導く考え方」について理解し，日常生活における経験等を題材にした例文を考えることを通して，意見と根拠の関係についての理解を深められるようにしている。

　第４時では，筆者の主張と根拠の関係，「本論」と「結論」の関係を踏まえ，なぜこのような文章構成や論理の展開で書かれているのかについての自分なりの考えを文章にまとめさせる。ここでは，それまでに自分の考えを文字入力によってオクリンクにまとめていた生徒にとっては，それをコピーアンドペーストした方が文章にまとめやすいかもしれない。一方で，他の生徒の考えを端末で参照しながら自分の考えを再度まとめ直したい生徒は，ノート等に手書きで書いた方がまとめやすいかもしれない。生徒には，様々な方法でまとめてよいことを伝え，自分に合った学習の進め方を工夫させたい。なお，手書きで文章をまとめた生徒は，それを端末で撮影した画像をオクリンクのカードに貼り付けて提出させる。

(2) 協働的な学びの充実に向けた視点から

　第２時から第４時まで，基本的には生徒一人一人が自分のペースで文章を読み返し，必要に応じてヒントカードを参照しながら自分に合った方法で考えをまとめる学習を進めていく。このような個人での学習を十分に行わせた後，オクリンクのカードを共有することで，他の生徒と効率的に意見を交換する場面を設定し，考えを共有させていく。

　交流の際は，それぞれのまとめ方が異なっているため，「共有したカードを見て終わり」ではなく，そのカードを用いて各自が自分の考えを説明することから始めさせたい。音声言語で説明することで，生徒が自分の考えを順序立てて整理し直すという効果も期待したい。また，聞き手には，最初は自分の考えと共通する点に対する共感を感想として述べさせ，その後，疑問に思ったことや自分とは異なる考えに対する意見を述べるようにさせる。最初に共感を伝え合うことにより打ち解ける場面をつくることで，そのあと互いに率直に疑問や意見を表明できるようにするなど，生徒同士が交流によって思考を深められるような土台づくりを指導することが大切である。

　いずれも４人程度のグループを編成するが，ここでは，それまでの学習の過程で「カード１」と「カード２」のいずれか一つだけを参照した生徒でグループが構成されることがないように配慮し，毎回グループの編成を変えるようにする。このことによって，考えのまとめ方以外にも，考えの質の高まりや深まりの程度が異なる生徒同士で交流し，それぞれの生徒が自分とは違うものの見方や考え方，学習の進め方などの発見をできるようにしたい。

5　授業の実際

●第１時

・単元で行う学習活動の流れを示し，学習の見通しをもつ。本単元では，文章構成を考え，論理の展開を吟味する学習活動を通して，意見と根拠の関係について理解することや，文章の構成や論理の展開について考える力を身に付けることが目標であることを理解する。

・単元の学習活動の流れを示し，必要に応じて２種類のヒントカードを参照しながら学習を進めることを説明する。目安としては，第２時で〈学習活動１〉，第３時で〈学習活動２〉，第４時で〈学習活動３〉とする。

〈学習活動１〉「本論」で述べられている四つの問いに対する答えと根拠の関係を考える。

〈学習活動２〉「結論」で述べられている主張と根拠の関係をまとめ，本論と結論の関係について考える。

〈学習活動３〉文章の構成や展開についての自分なりの考えを文章にまとめる。

・教材文を読み，気になる語句の意味や，イースター島に関する情報等，必要に応じて辞書やデジタル教科書，インターネット検索等によって調べる。その際，今後の学習のために形式段落に番号をつけさせ，意味の分からない言葉も調べるよう指示する。

●第２時

・文章全体を読み返し，「序論－本論－結論」の構成に沿って段落を分け，ムーブノートで提出する。全体で共有しながら，「序論－本論－結論」の構成を確認する。

・「本論」を読み返し，「本論」で述べられている四つの問いに対する答えと根拠の関係をオクリンクのカードにまとめる。

・どのように学習を進めたらよいかが分からず困っている生徒には，本時の「ヒントカード」の「カード１」を参照するよう促す。まず教科書 p.263「学習の窓」一覧で，「序論」（導入・話題提示・問題提起），「本論」（具体的な説明〈主張や結論を支える事例や根拠，理由など〉），「結論」（まとめ・主張）という文章の構成を確認させる。その上で，第２段落の四つの問いに注目させ，問い・答え・根拠を図表等を用いて整理する学習の進め方になっている。整理する方法は，教科書 p.32, 33「情報整理のレッスン　思考の視覚化」や p.132, 133「思考のレッスン２　根拠の吟味」で示されている図表等を参考にさせる。

・学習を早く進めている生徒には「カード２」を参照するように促す。「カード２」の内容は，「本論」で述べられている四つの問いに対する答えのそれぞれの根拠に着目させ，根拠の妥当性等について考えたことをまとめさせるものである。特に，それぞれの答えの文末表現①「～判明した。」②「～運んだのであろう。」③「～運ぶことができなくなったのであろう。」④「～は崩壊してしまった。」に着目させ，その妥当性を吟味させたい。例えば，「どうやっ

てモアイを運んだのか。」の問いの根拠に，当時，イースター島に「モアイを運ぶためのこ
ろには最適」な「まっすぐに成長するヤシ」が大量にあったことを挙げている。しかし，こ
れは，「石ころだらけの火山島を十キロも二十キロも運ぶには，木のころが必要不可欠であ
る。」と，モアイは「ころ」を使って移動するものであるということを前提としている。も
し，モアイを「ころ」で運ばなかったら，「木のころが必要不可欠である。」という文は妥当
性のないものとなるし，「森がよりいっそう破壊されていったのだと考えられる。」という筆
者の考えは正しくないのではないかとの指摘もできるのである。この点については，モアイ
像をロープで揺らして移動させたという説があることを紹介することも考えられる。

※三つのチームが3方向からロープで引っ張ることで，4.35トンあるモアイのレプリカに道を「歩かせる」ことが可
　能なことを実証した動画が公開されている。

・4人程度のグループでカードを共有し，それぞれがまとめた答えと根拠の関係について説明
　し合い，意見を交流しながら加筆修正する。ここでは，それまでの学習の過程で「カード
　1」を参照した生徒だけのグループや，「カード2」を参照した生徒だけのグループが構成
　されることがないように配慮する。

・学級全体で共有したカードを参照し，必要に応じて自分のカードを加筆修正して提出する。

●第3時

・「結論」を読み返し，「結論」で述べられている主張と根拠の関係をまとめ，本論と結論の関
　係について考え，オクリンクのカードにまとめる。

・生徒の学習の進捗状況を見て，支援が必要な生徒には，本時のヒントカードの「カード1」
　を参照させる。「カード1」には，「学習の進め方①」として「結論」で述べられている筆者
　の主張と，それを支える根拠を整理すること，「学習の進め方②」として筆者の考えるイー
　スター島と地球との共通点を図表等により整理すること，「学習の進め方③」として筆者は
　なぜイースターの事例を示したのかについて説明することを示している。ここでも，教科書
　p.32，33「情報整理のレッスン　思考の視覚化」やp.132，133「思考のレッスン2　根拠の
　吟味」で示されている図表等を参考にさせる。

・学習を早く進めている生徒には「カード2」を参照するよう促す。「カード2」では，筆者
　が「結論」で主張を導く際に「イースター島」の事例を根拠として用いる際の考え方である
　「類似性に着目して根拠から意見を導く考え方」を次ページの図1のように例示し，図2の
　ように筆者の論理の展開を整理させる。その上で，日常生活の出来事を例にし，類似性に着
　目して考えを整理する発展的な課題も示している。このことにより，いくつかの点で類似し
　ているからといって，Aで生じたことがBで生じるとは限らないことに気付かせたい。また，
　このことから，「では，筆者はなぜ『類似性に着目して根拠から意見を導く考え方』によっ
　て主張を述べたのか」ということを考えさせ，「本論」におけるイースター島の文明崩壊に

関する具体的な叙述は，地球の食料不足や資源の不足が恒常化する危険性の大きさを中学生に印象的に訴える上で，興味をもたせたり説得力を増したりするための工夫として働いているのではないかなどと考えられるようにしたい。

図1 「カード2」における「類似性に着目して根拠から意見を導く考え方」の例示

〔根拠〕 Aは，aになった（Aは，aである。）	〔意見と根拠をつなぐ考え〕 ・Bは，～という点でAと似ている。 ・似ているものは，同じ結果になる（同じ性質をもつ）であろう。	〔意見〕 おそらく，Bはaになる（Bはaである）。

図2 生徒の記入例

〔根拠〕 ・絶海の孤島であるイースター島は，人口が増加する中でヤシの木を伐採したことで食料危機に直面し文明が崩壊した。	〔意見と根拠をつなぐ考え〕 ・地球は，宇宙という海に浮かぶ島のような存在という点や，人口爆発が起きている点でイースター島と似ている。 ・似ているものは，同じ結果になる（同じ性質をもつ）であろう。	〔意見〕 おそらく，地球は飢餓地獄になり，人類の文明が崩壊する。 （ただし，食料生産に関しての革命的な技術革新がない限り。かつ，地球の人口が80億を超えたとき。）

※ゴシック体の部分はあらかじめ記載
※ここでの〔根拠〕，〔意見と根拠をつなぐ考え〕，〔意見〕は，教科書 p.132, 133 の記述に沿って使用している。

・4人程度のグループでカードを共有し，各自の考えについて説明し合い，意見を交流しながら加筆修正する。ここでも第2時と同様に，それまでの学習の過程で「カード1」と「カード2」のどちらか一つだけを参照した生徒がグループを構成することがないように配慮する。
・学級全体で共有したカードを参照し，必要に応じて自分のカードの内容を加筆修正して提出する。

●第4時

・筆者の主張と根拠の関係，「本論」と「結論」の関係を踏まえ，なぜこのような文章構成や論理の展開で書かれているのかを考え，オクリンクのカードにまとめる。生徒の学習状況に応じて，「『今ある有限の資源をできるだけ効率よく，長期にわたって利用する方策を考えなければならない』ということを訴えるのであれば，地球の農耕面積の限度とそれが支える人口の限界，人口増加の予測というデータだけを根拠として述べてもよいのに，なぜイースター島の事例を本論で詳細に述べ，地球とイースター島との類似性に着目して訴えているのか」や「イースター島の森林の消滅については，花粉分析の結果を根拠とするだけでもよいのに，なぜモアイの運搬について述べているのか」等の考える際の視点を与える。
・4人程度のグループでカードを共有し，それぞれの考えについて説明し合い，意見を交流しながら，加筆修正する。
・学級全体で共有したカードを参照しながら，「モアイは語る」の文章の構成や展開についての自分なりの考えを文章にまとめ，オクリンクのカードで提出する。
・単元の学習を振り返り，主張を裏付けるための適切な根拠の在り方や，文章の構成や論理の展開について考えたことをまとめ，ムーブノートで提出する。　　　　　（渋谷　正宏）

A
話すこと
聞くこと

B
書くこと

C
読むこと

二つの文章を読み比べ，自分の考えをもとう

12

教　材 「黄金の扇風機／サハラ砂漠の茶会」（東書）
関連教材：「「正しい」言葉は信じられるか」（東書・2年）
　　　　　「幸福について」（東書・3年）

1　単元について

　本単元では，二つの文章を読み比べて，論の進め方について考えさせた上で「文章の内容について，自分の知識や体験と結び付けて自分の考えを広げたり深めたりする」力の育成を目標とし，「美」という生徒にとっては身近なものでありながらも抽象的な概念について考えを深めさせたい。二つの文章に共通していることは，それぞれ筆者の海外での体験をもとに，「美」に対する考えを述べている点である。一方で，構成や論の進め方，内容である「美」に対する考え方等は大きく異なる。このように，同じ話題で異なる考えが書かれている文章を読み比べることは，抽象的な概念を理解することに役立つ。また，協働的な学びを取り入れ生徒の考えを深めさせたり，生徒の体験に応じた課題やワークシートの工夫により資質・能力の確実な育成を図ったりすることができる。

　学習を進めるに当たり，文章で述べられている海外の様子や，日本古来の伝統芸術などを理解する際には，動画を含むデジタル資料が効果的である。また，学習支援クラウド（例：ロイロノート・スクール等）を使って，文章を読んで理解した内容を学級全体で共有したり，個別に指導したりする。

2　単元の目標・評価規準

(1)　話や文章の構成や展開について理解を深めることができる。　　　　　〔知識及び技能〕(1)オ

(2)　観点を明確にして文章を比較するなどし，文章の構成や論理の展開，表現の効果について考えることができる。　　　　　　　　　　　　〔思考力，判断力，表現力等〕C(1)エ

(3)　文章を読んで理解したことや考えたことを知識や経験と結び付け，自分の考えを広げたり深めたりすることができる。　　　　　　　　　〔思考力，判断力，表現力等〕C(1)オ

(4)　言葉がもつ価値を認識するとともに，読書を生活に役立て，我が国の言語文化を大切にして，思いや考えを伝え合おうとする。　　　　　　　　　「学びに向かう力，人間性等」

ICT の活用場面

[ツール・アプリ等] ロイロノート・スクール（以下「ロイロノート」）　検索ブラウザ

- ●第1時　文章中の内容理解において，「ヴェルサイユ宮殿のロココ趣味」「千利休の茶会」など，生徒が想像する際に難しいと感じるものについて，必要に応じて画像や動画を検索して，正確な理解の手助けとする。（検索ブラウザ）
- ●第2・4時　内容理解の確認のときに端末を使って教師に提出させることによって，一人一人の状況を把握し，個別の指導をする。同様に，生徒同士が最後に考えを共有する際にも活用し，他の意見を参考にして考えを深めさせる。（ロイロノート）

知識・技能	思考・判断・表現	主体的に学習に取り組む態度
①話や文章の構成や展開について理解を深めている。((1)オ)	①「読むこと」において，観点を明確にして文章を比較するなどし，文章の構成や論理の展開，表現の効果について考えている。（C(1)エ） ②「読むこと」において，文章を読んで理解したことや考えたことを知識や経験と結び付け，自分の考えを広げたり深めたりしている。（C(1)オ）	①進んで文章の構成や論理の展開，表現の効果について考え，学習課題に沿って「美」について考えたことを文章にまとめようとしている。

A 話すこと 聞くこと　B 書くこと　C 読むこと

3　単元の指導計画（全5時間）

時	主な学習活動 ★個別最適な学びの充実に関連する学習活動 ●協働的な学びの充実に関連する学習活動	・評価規準と評価方法
1	（事前の家庭学習で難解語句の意味は調べておく。） ★「黄金の扇風機」の最初の二つの段落を読み，自分が「美しい」と感じるものについてワークシート①に記入する。 ・「黄金の扇風機」「サハラ砂漠の茶会」を読み，ワークシートを用いて文章の概略を捉える。	
2	●グループごとに，難解語句の意味や表現の仕方について確認する。内容理解の上で必要と思われる事柄についてはインターネット検索で調べる。 ★「黄金の扇風機」について，ワークシート②を用いて文章の構成や展開を捉える。ワークシートの種類はヒントの示	[知識・技能] ① <u>ワークシート②</u> ・「黄金の扇風機」の文章の構成や展開を理解している。

	し方により，生徒自身が選ぶ。 ●ワークシート②について最初はグループで共有して確認し合う。次にクラウド上で互いの考えを読みながら学級全体で共有し，筆者の「美」に対する考え方についての感想を出し合う。	
3	★「サハラ砂漠の茶会」について，ワークシート③を用いて文章の構成や展開を捉える。ワークシートの種類はヒントの示し方により，生徒自身が選ぶ。 ●ワークシート③について最初はグループで共有し，分かりにくい部分について確認し合う。次にクラウド上で互いの考えを見合いながら学級全体で共有し，二人の筆者の「美」に対する考えについて，ワークシート②③をもとに感想を出し合う。	[知識・技能] ① ワークシート③ ・「サハラ砂漠の茶会」の文章の構成や展開を理解している。
4	★二つの文章を読み比べ，構成などのほか，自分の考えはどちらに近いかや反論などについて記入する。 ★ワークシート①④をもとに，二つの文章を読んで理解したことや考えたことを，自分の知識や経験と結び付け，「美」についての考えを広げたり深めたりする。文章にまとめるためのメモや下書きを書く。	[思考・判断・表現] ① ワークシート④ ・二つの文章の構成や論理の展開，表現の効果について比較して，それらの特徴が文章全体の特徴にどのように関わっているのかを考えている。 [主体的に学習に取り組む態度] ① 観察・ワークシート④ ・文章を読み返したりメモや下書きを加筆修正したりして，文章の構成や論理の展開，表現の効果について考えようとしている。
5	★「美」に対する自分の考えを200字程度で書く。 ●書いた文章をクラウド上で共有し，互いに読み合う。 ★最後は各自の課題に沿って，関連の文章を読んだり教師の支援を受けたりして，文章を修正する。	[思考・判断・表現] ② ワークシート⑤・ロイロノート提出 ・文章を読んで理解したことと関連する知識や経験を結び付けて自分の考えを広げたり深めたりしている。 [主体的に学習に取り組む態度] ① 観察・ワークシート⑤ ・学習課題に沿って，「美」について関連する文章を読んだり他の生徒の考えを参考にしたりして，自分の考えを広げたり深めたりしようとしている。

4　個別最適な学びと協働的な学びの充実に向けた指導のポイント

(1) 個別最適な学びを充実させる視点から

　本単元では，第1時において「黄金の扇風機」の最初の二つの段落のみを読んだ段階で，生徒一人一人が自分のこれまでの体験を振り返り「美しい」と感じるものについてイメージをもち，ワークシートに記入させている。これはこの単元の目標を理解するとともに，「二つの文章を読み比べる」という学習の中に，常に自分の考えをもとにしてイメージすることを加えさせたいからである。このことにより，最終的に自分自身の「美」についての考えをまとめる上で，自身の興味・関心等を反映するなど，より主体的に取り組むことができるようにしたい。

　第2時のインターネット検索の際には，全ての生徒に同じものを調べさせるのではなく，文章で述べられている海外の様子や，日本古来の伝統芸術など，生徒が文章の内容理解に必要だと判断したことを調べさせ，各自が調べた動画・画像を含むデジタル資料を共有する。主体的に調べているからこそ協働的な学びの中で生徒一人一人がより積極的に学習に取り組めると期待する。また，インターネット検索の際に，文章の理解が不十分なことから，何を調べればよいかが分からずに困ってしまう生徒も想定される。そのような生徒に対しては，いくつかの検索ワードを書いたヒントカードを示し，個別に重点的な指導を行う。

　第2時及び第3時で用いるワークシート②と③は，ヒントがあるものとないものを3種類用意して（5「授業の実際」を参照），どちらを使うかは生徒に選ばせる。記入において時間がかかっている生徒がいる場合は，教師がヒントのあるワークシートを示すことも必要であろうが，できるだけ生徒自らにワークシートを選択させることで，自分自身の学びを調整するという意識や力を身に付けさせたい。また，ヒントありのワークシートを選んだ場合には，教師の指導計画よりも早く学習を進めていくようなことも予想される。このような場合は，第4時の二つの文章を比べるという学習内容に先に取り組ませる。「自分は二つの文章を比較したり，自分の考えをまとめたりすることが苦手で，人よりも時間がかかるため，先にワークシート④に取り組みたい」というように，自らの特性や学習進度，学習到達度等に応じて学習の進め方を工夫することができるように指導することが大切である。ただし，その際は，ワークシート②や③を用いた学習が疎かにならないように注意させ，必要に応じて教師が学習の進め方について指導することが重要である。

　第4時及び第5時は，個の学習から集団での学びに移り，そして再度生徒一人一人の学びへと戻り，単元の学習が終わる。第4時のワークシート④は3種類（チャレンジコース，実力アップコース，基礎力ゲットコース）を用意し，生徒自身に選ばせる。第5時に，二つの文章を読み比べて理解したことや考えたことと自分の知識や経験とを結び付け，自分自身の「美」に対する考えをまとめる際に，一度クラウド上で共有し互いに読み合って交流する時間を設ける。ここでは，教師もその内容を確認し，「Bと判断する状況」に照らし合わせて，「Cと判断する

状況」に該当する生徒に対しては，それぞれの学習の状況に応じて「『多様な美』と書いたところに具体例を入れましょう。」「二人の筆者の考えをどちらもよいと判断する理由を書くとよいでしょう。」などの助言をする。また，生徒の興味・関心の状況に応じて，本教材に関連する文章（例：本教材の出典「美しいをさがす旅にでよう」「美は時を超える」や，他の芸術論「芸術とは何か」などから抜粋した文章の一部を電子データで自由に閲覧できるようにしておく）を紹介する。このような発展的な学習を促すことで，生徒の学習課題に対する興味・関心を引き出し，考えを深めるきっかけとすることも大切である。本単元では主教材に関連する文章を読み，自分の考えを広げたり深めたりする力を高めたい。

（2）協働的な学びの充実に向けた視点から

　本単元では，学習計画の中で，協働的な学びを取り入れる場面は主に３回である。しかし，全５時間の授業の中では，生徒の学びが孤立してしまわないように各時間において他の生徒と進捗状況を確認したり，各自が互いに質問や相談をし合ったりする時間を設ける。

　主な３回は，第２時と第３時，第５時である。いずれもICTを効果的に活用する。まず，第２時は文章を読み比べる前の段階の，インターネット検索などによる調べ学習である。調べる内容については，それぞれ異なるが，その結果を持ち寄り共有することで，各自の読みをより深められるようにしたい。主に，「ヴェルサイユ宮殿風のロココ趣味」，「ベドウィン族」や「千利休の考えた茶」などが考えられる。方法としては，１人１台端末を使って調べた解説や画像，動画などをグループ内で共有する。学校図書館の図書資料等を用意した生徒についても同様にグループ内で共有する。どのような点に着目しているかが互いに分かるため，この後の学習でもそれぞれの学びを深めることにつながる。

　第３時では，二つの文章の構成や展開を捉えた上で，二人の筆者の「美」に対する考えにおける共通点や違いについて，自分自身の読み落としがないかを確認することができ，また自分とは異なった考え方にも触れることができる。教師の支援も，提出されたワークシートをロイロノートで入力して返却することで行える。このような点も含めて協働的な学習を進められるようにしたい。

　第５時後半は，最後に書いた文章を読み合う時間である。これもロイロノートの提出機能を活用する。「文章の内容について，自分の知識や体験と結び付けて考えを広げたり深めたりする」ことを目標に，200字程度にまとめたものを読み合う。ここでは，互いの文章を黙々と読み合うだけでなく，気になった文章については，互いに自由に質問をさせたりそれに答えさせたりしたい。この学習の後に，生徒が提出した文章の修正を行いたいと主体的に言い出すことも多い。このような協働的な学びにより，文章を読んで理解したことや考えたことを知識や経験と結び付け，自分の考えを広げたり深めたりする力を確実に育成したい。

5 授業の実際

●第1時

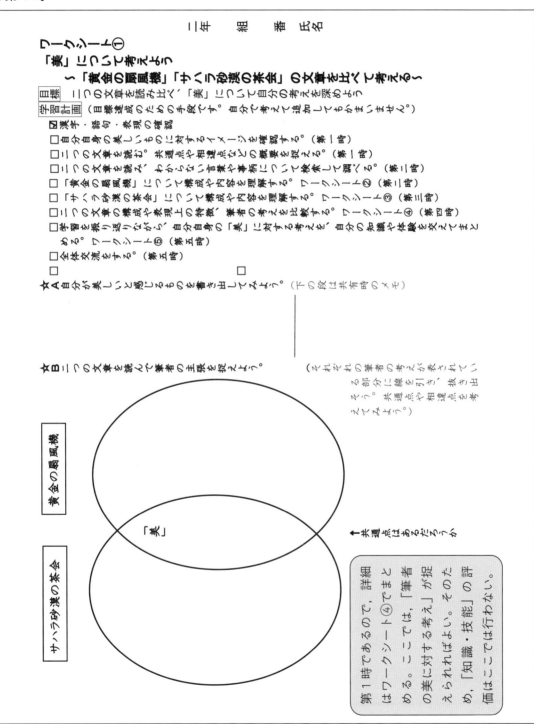

　　　　　　　　　　二年　　組　　番　氏名

ワークシート①
「美」について考えよう
～「黄金の扇風機」「サハラ砂漠の茶会」の文章を比べて考える～

[目標] 二つの文章を読み比べ、「美」について自分の考えを深めよう

[学習計画]（目標達成のための手段です。自分で考えて追加してもかまいません。）

☑漢字・語句・表現の確認
□自分自身の美しいものに対するイメージを確認する（第一時）
□二つの文章を読む。共通点や相違点など、概要を捉える（第一時）
□二つの文章を読み、わからない言葉や事柄について検索して調べる（第三時）
□「黄金の扇風機」について構成や内容を理解する。ワークシート②（第三時）
□「サハラ砂漠の茶会」について構成や内容を理解する。ワークシート③（第三時）
□二つの文章の構成や表現上の特徴、筆者の考えを比較する。ワークシート④（第四時）
□学習を振り返りながら、自分自身の「美」に対する考えを、自分の知識・体験を交えてまとめる。ワークシート⑤（第五時）
□全体交流をする。（第五時）
□　　　　　　　　　　□

☆A 自分が美しいと感じるものを書き出してみよう。（下の段は共有時のメモ）

☆B 二つの文章を読んで筆者の主張を捉えよう。

（それぞれの筆者の考えが表されている部分に線を引き、抜き出してみよう。共通点や相違点を考えてみよう。）

黄金の扇風機

「美」

サハラ砂漠の茶会

←共通点はあるだろうか

第1時であるので、詳細はワークシート④でまとめる。ここでは、「筆者の美に対する考え」が捉えられればよい。そのため、「知識・技能」の評価はここでは行わない。

A 話すこと・聞くこと

B 書くこと

C 読むこと

2章　「個別最適な学び」と「協働的な学び」の一体的な充実を通じた授業改善を図るプラン　115

●第４時

二年　　組　　番　氏名

ワークシート④　基礎力ゲットコース（他に実力アップコース・チャレンジコース）

「美」について考えよう

〜「黄金の扇風機」「サハラ砂漠の茶金」の文章を比べて考える〜④

A　三つの文章を読んで、構成や表現上の特徴、及び筆者の考えについてまとめよう

	黄金の扇風機	サハラ砂漠の茶金
〈構成や表現上の特徴〉①構成②論の展開③具体例の使い方	①構成（　つ）のまとまり　主張はどこにあるか。→（　総括　）式 ②常体 　文末表現と効果 　例「黄金の扇風機」は、テンポよく、論が進む印象 ③が多い。無駄がない。 ③主張→具体例→主張 　具体的な例を挙げて自説を述べている。 ◎これらの特徴が文章全体の特徴にどう関わっているか。	①構成（　つ）のまとまり　主張はどこにあるか。→（　尾括　）式 ②敬体 　文末表現と効果 　「敬体」の印象 　例「です」「ます」だけでなく「…でしょうか」→読者を近くに感じている ③主張のための多くの具体例 　→話題をさらに展開し主張 　具体的な例を挙げて自説を述べている。 ◎これらの特徴が文章全体の特徴にどう関わっているか。
〈筆者の考え〉共通点を見いだせるか	主張が述べられている段落　③⑪⑮⑯	主張が述べられている段落　⑥⑩⑪⑫⑬
B〈共感度はどうか〉もしくは反論	例：私はこの文章を読んで、共感しました。それは、	例：私はこの文章を読んで、次の部分が共感できませんでした。それは、 基礎力ゲットコースは網かけの部分を最初から示す。

B　自分の考えをまとめるために、新たに気づいた点をメモしよう

〈第１時のワークシートについて〉

・学習の目標を生徒一人一人に理解させるために，この単元の学習計画を提示し理解させる。☑をつけることによって，生徒が自分の学習の進捗を管理する意識をもたせる。生徒の中には，二つの文章をセットにして学習することに，違和感を覚える生徒もいると思われるので，丁寧に説明し，生徒自身の学習を調整する力を働かせたい。また，教師に言われるだけでなく，さらに自分で考えて学習を深めたいという生徒もいると思われる。学習を進めるに当たり，「論の展開の復習をしたい」や「筆者の別の本を読みたい」などという感想が，生徒から出されることを期待したい。

・コメントに書いている通り，ここでは「美」についての筆者のそれぞれの意見を理解し，教科書に線を引かせた上で書かせる。その際，ベン図の真ん中の「共通」の部分が重要となる。「相違点」にばかり思考が働くと見えてこない。文面からは直接的な言葉は抜き出せないが，この学習を進め，自分の知識や経験と照らし合わせて考えていく中で，気付くものがあるとよい。内容だけでなく，どちらも自分の体験をもとに論を進めていることなどに注目することも大事である。また，このように図式化することで，「美」のどこを切り取って述べているのかが異なることや，具体例として示している対象そのものの違いにも気付くとよい。ワークシート中央の自分自身の「美しい」と思うものを先に書かせることもここにつながる作業である。したがって，ワークシート①のベン図は第４時や第５時の際にも，見返してもらいたい。学習計画とベン図を２枚に分けてゆったりとしたスペースで考えさせてもよい。

〈第４時のワークシートについて〉

以下の３種類のコースでワークシートを用意する。

チャレンジコースは，ヒントとなる語句を省いて提示するとともに，深く考えさせるための問いを付け加える。（例１：二人の筆者が互いの文章を読んだとしたら，どう考えるだろうか。例２：反論したくなる点はあるか。例３：根拠として不十分だと感じる記述はあるか。例４：筆者のものの見方や考え方が，表現の中に表れている部分はないだろうか。例５：「大切なメッセージ」とは，などである。さらに，前述のように読書案内をするのもよい。）

実力アップコースは，観点を示して確実に比較させる。あらかじめワークシートに記載していることをヒントとして参照させることで，生徒が思考しながら読めるようにしたい。

基礎力ゲットコースはある程度，解答となる部分（網かけ部分）を示す。例えば，筆者の主張が述べられている段落番号を示すことで，その段落を読み主張を読み取ることに専念させる。読むことに飽きてしまったり，難しくてできないとあきらめてしまったりさせない工夫である。ワークシート④を早く進めさせることで次に進み，書く時間を増やしてもよい。

それぞれのワークシートは自分で選択させる。生徒の実態に応じて提供方法を考えるとよい。

（駒田るみ子）

朗読劇の監督になり「平家物語」を語る　13

教材　「扇の的──「平家物語」から」（光村）
関連教材：「敦盛の最期──平家物語──」（教出）

1　単元について

　「平家物語」は，平家琵琶により語り伝えられた鎌倉時代の代表的な軍記物語である。作品の根底には，冒頭の文章にあるような「諸行無常」「盛者必衰」の言葉で表された「無常観」が脈々と流れている。源平の興亡については，社会科の歴史の授業で学んでおり，予備知識もある程度もっているので，比較的すんなりと「平家物語」の世界に入ることができるはずである。表現としては，七五調のリズム（韻律）を基調とした語りの文学であり，和漢混淆文の文体は朗読に適している。今回学習する「扇の的」は，弓矢の名人である那須与一が劇的に扇を射るという場面であり，登場人物の心情が想像しやすく，対句表現もリズムがよく，情景描写，擬声語・擬態語を巧みに使った文章は臨場感がある。

　今回は朗読劇の監督になるという設定により，登場人物の心情や行動について，絶えず自分自身と重ね合わせ，共感したり時には疑問をもったりすることができるようにした。このことにより，古典の文章に親しませるとともに，理解したことや考えたことを知識や経験と結び付け，自分の考えを広げたり深めたりできるようにし，今後の読書や3年生の古典教材での学習につなげていきたい。

2　単元の目標・評価規準

(1)　作品の特徴を生かして朗読するなどして，古典の世界に親しむことができる。

〔知識及び技能〕(3)ア

(2)　文章を読んで理解したことや考えたことを知識や経験と結び付け，自分の考えを広げたり深めたりすることができる。　　　〔思考力，判断力，表現力等〕C(1)オ

(3)　言葉がもつ価値を認識するとともに，読書を生活に役立て，我が国の言語文化を大切にして，思いや考えを伝え合おうとする。　　　　　　　　　　　「学びに向かう力，人間性等」

ICT の活用場面

[ツール・アプリ等] 動画サイト　調べ学習・朗読の録画
　　　　　　　　ロイロノート・スクール（以下「ロイロノート」）

- ●事前課題　　NHK 10min ボックス「平家物語」を視聴し，関心をもった語句等を調べる。
- ●第2時　　　言葉調べ・朗読の録画・ロイロノートで交流。
- ●第3時　　　言葉調べ・朗読の録画・ロイロノートで交流。
- ●第4時　　　ロイロノートで交流。

知識・技能	思考・判断・表現	主体的に学習に取り組む態度
①作品の特徴を生かして朗読するなどして，古典の世界に親しんでいる。（(3)ア）	①「読むこと」において，文章を読んで理解したことや考えたことを知識や経験と結び付け，自分の考えを広げたり深めたりしている。（C(1)オ）	①粘り強く作品の特徴を生かして朗読するなどして，今までの学習を生かして朗読台本を作成しようとしている。

A　話すこと聞くこと

B　書くこと

C　読むこと

3　単元の指導計画（全4時間）

時	主な学習活動 ★個別最適な学びの充実に関連する学習活動 ●協働的な学びの充実に関連する学習活動	・評価規準と<u>評価方法</u>
1	（事前に，動画（NHK 10min ボックス「平家物語」，NHK for School）を視聴して教科書 pp.148〜150を読み，感想や，気になる語句などについて調べたことをロイロノートにまとめて提出し，全体で共有しておく。） ・単元のねらいを理解し，学習の見通しをもつ。 ・4人程度のグループで，事前に調べてきた内容を伝え合った後，疑問点等を全体で共有する。 ★冒頭部分の原文を音読し，独特の調子とリズム，言葉の響きを味わうとともに，現代語訳を読み，「平家物語」を貫く「無常観」のイメージをもつ。	
2	・与一が扇を射るまでの経緯について現代文を読み，場面の状況や，登場人物について理解する。 ・「扇の的」の原文をCDで聞いた後，現代語訳を読み，あらすじを確認し，原文をクラス全体で読む。	

	★与一が扇を射るまでの登場人物の心情等を想像して朗読台本を作成する。実際に朗読して，その録音を聞き返しながら朗読台本を修正する。 ●グループで朗読台本をもとに朗読の仕方を説明したり，実際に朗読したりしてそれぞれの考えた朗読の工夫について意見交換する。 ●何人かが朗読台本を発表し，全体で朗読の工夫を考え，自分の朗読台本をさらに修正する。	[主体的に学習に取り組む態度] ① <u>観察・朗読台本</u> ・繰り返し原文を読み返したり，朗読の録音を聞き返したり，積極的に他の生徒の考えを生かしたりしながら，作品がもつ特徴的なリズムや表現などを生かした朗読の仕方を工夫しようとしている。
3	★（中の部分から終わりの部分）登場人物の心情等を想像して朗読台本を考え，ワークシートにまとめる。実際に朗読して，その録音を聞き返しながら朗読台本を修正する。 ●グループで朗読台本をもとに朗読の仕方を説明したり，実際に朗読したりしてそれぞれの考えた朗読の工夫について意見交換する。 ●（中）（終わり）の朗読台本をロイロノートにあげて何グループかが発表し，発表の内容を参考にして個人の朗読台本をさらに修正していく。	[主体的に学習に取り組む態度] ① <u>観察・朗読台本</u> ・繰り返し原文を読み返したり，朗読の録音を聞き返したり，積極的に他の生徒の考えを生かしたりしながら，作品がもつ特徴的なリズムや表現などを生かした朗読の仕方を工夫しようとしている。 [知識・技能] ① <u>観察・朗読台本</u> ・作品がもつ特徴的なリズムや表現などを生かして朗読している。
4	・「義経の弓流し」の現代文と原文・現代語訳を読み，義経の言動から，ものの見方や考え方を捉える。 ★「扇の的」と「義経の弓流し」の登場人物の言動から読み取ったものの見方や考え方について，自らの知識や経験と結び付けて考え，ワークシートにまとめる。ワークシートは撮影してロイロノートにあげる。 ●ワークシートをもとにグループで互いに考えたことを伝え合い，自分の考えと他者の考えとを比べて意見交換をすることで，考えを広げたり深めたりする。 ・各グループで出た意見を全体で共有し，ワークシートにまとめた自分の考えを加筆修正する。 ・単元の学習を振り返る。	[思考・判断・表現] ① <u>ワークシート</u> ・登場人物の言動から読み取ったものの見方や考え方について，自らの知識や経験と結び付けて考えたことを他者の考えと比べ，考えを広げたり深めたりしている。

4　個別最適な学びと協働的な学びの充実に向けた指導のポイント

(1) 個別最適な学びを充実させる視点から

　古典の学習は，生徒の興味・関心の違いやそれまでの学習到達度等の違いにより，全員一律に同じ時間で進めていくことが難しいことがある。そこで，第1時に入る1週間程度前に，家庭学習等として，各自の1人1台端末を用いて動画（NHK 10min ボックス）を視聴させ，教科書で平家物語の冒頭の一節を読んで気になる語句や興味をもった事柄について調べたことをロイロノートでまとめて提出させる。簡単な感想をまとめるまでであれば20分程度で取り組める課題である。生徒は，この段階で，動画を繰り返し視聴したり，冒頭の一節の音読を練習したり，祇園精舎や沙羅双樹等をインターネットや学校図書館の本等で調べたりするなど，各自の興味・関心や学習進度，得意とする学習の進め方，放課後の予定に合わせた時間の使い方等を工夫して予習に取り組むことができるであろう。そのため，関連するサイトの紹介や学校図書館での平家物語コーナーの特設など，生徒の興味・関心に応えられるような環境の整備をしておきたい。

　第1時では，この予習で各自が調べたことや考えたことなどをグループや学級で共有することで，本単元の学習のレディネスを形成していく。ここでは，さらなる疑問点が出てきた際に，答えられる生徒がいれば，その生徒に答えさせたり，教師が補足したりするが，全てを解決させるのではなく，自主的な学習として継続して各自で調べることを促したい。そのことが，第2時以降の学習を深めていくことにもつながるはずである。

　第2・3時では，「扇の的」の朗読劇の監督になって朗読台本を作成する。ここでは，源氏と平家が陸と沖で対峙し，その緊迫感にあふれた中で与一が的の扇を見事に射抜くという劇的な場面の状況を理解させた上で，朗読の仕方を工夫させることが重要である。ここでも，一人一人の興味・関心や得意とする学習の進め方を生かせるよう，脚注だけでなく，気になる語句や事柄について自由に端末で調べ，想像を膨らませることができるようにする。生徒の中には，実際の鏑矢の音を動画で確認しながら，矢が「扇の要ぎは一寸ばかり」の所に当たる場面を思い浮かべ，朗読するときの声の出し方を考える者も出てくる。朗読の工夫は考えるだけでなく，端末を使い，実際に声に出して読み，それを録音して聞き直すことがより効果的である。何度も，声に出したり聞いたりして読み方を考えることでよい朗読台本を練り上げ，その過程で内容についての理解も深められるようにしたい。

　このとき，朗読をどのように工夫したらよいかが分からない生徒もいるであろう。そのような生徒が各自の端末で自由にヒントカードを閲覧できるようにしておくことが大切である。このヒントカードは，登場人物の心情や源平の対句表現等の情景描写，擬声語・擬態語を巧みに使った文章であることを理解する読み方の視点と，強弱や間をあけるなどの記号を記したものである（p.124参照）。

また，実際の朗読を録音して聞き直し，さらによりよい朗読の仕方を工夫させていく際には，記号をつけてから読むという方法でも，読んで考えてから記号をつけるという方法でもよいことにする。このように，具体的な思考から抽象的な思考に進むことが得意な生徒もいれば，抽象的な思考から具体的な思考に進むことが得意な生徒もいるなどという認知スタイル等の違いに配慮して，一人一人が自分の得意とする学習の進め方を工夫できるようにしたい。

　第2時終了時に朗読台本を提出させるが，その段階で朗読の工夫の仕方や学習の進め方について支援が必要と判断した生徒に対しては，教師がコメントによる助言を書き込んでワークシートを返却する。その上で，第3時にそれらの生徒に対しては，ワークシートへのコメントをもとに重点的に指導し，後半部の朗読の工夫を考える際のヒントとなるようにする。

(2) 協働的な学びの充実に向けた視点から

　協働的な学びに関しては，第2時及び第3時に朗読の工夫について他の生徒と意見交換することで，新たな視点をもらったり自分の考えを見直したりできるようにする。朗読の仕方が分からなかったり，自分の朗読の工夫に自信がもてなかったりする生徒にとっては，他の生徒の朗読の工夫に触れることは大変参考になる。また，自分の考えた朗読の工夫について言語を用いて説明することが得意な生徒もいれば，実際に朗読することで伝えることが得意な生徒もいる。教師が交流の仕方を，言葉で説明する方法だけに限定してしまうと，生徒の資質・能力を発揮させることができなくなってしまう可能性がある。そこで，朗読の工夫を伝える際には，台本を用いて説明してもよいし，実際に朗読をしながら自分の考えた工夫を伝えてもよいこととしている。台本だけでなく実際に朗読する生徒がいることで，朗読の工夫の具体的なイメージがもてなかった生徒にとっては大きなヒントとなる。このように交流のさせ方を工夫することで，一人一人が朗読の工夫について考えを広げたり深めたりできるようにしたい。

　また，第4時では，第3時までに学んだことをもとに一人一人が感じたり考えたりしたことを共有することで，さらに自分の考えを深めたり広げたりしていく。ここでは，「扇の的」と「義経の弓流し」の登場人物の言動から読み取ったものの見方や考え方について，自らの知識や経験と結び付けて考えることで，「平家物語」の各登場人物の生き方が現在の私たちとどう違うか，また同じかということについて考えを広げたり深めたりできるようにする。生徒一人一人の知識や経験は異なっているので，例えば，義経の与一に対する言動を現代風にパワーハラスメントと捉える見方もあれば，組織を統率するための的確なトップの指示と捉える見方も出てくる。このような捉え方の違いを交流して比べることが，物事に対する新たな視点をもつことにつながり，自分の考えを広げたり深めたりすることになる。なお，グループで交流する際には，音声言語だけだと互いの考えの共通点や相違点について細やかに捉えることができない場合があるので，ロイロノートでワークシートを共有しながら，互いの説明を聞き，共感できたことや疑問に思ったことを伝え合うようにさせることも大切である。

5　授業の実際

●事前課題

　事前に，動画（NHK 10min ボックス）を視聴して教科書 pp.148〜150を読み，感想や，気になる語句などについて調べたことをロイロノートにまとめて提出させ，全体で共有しておく。（関連するサイト（NHK for School「おはなしのくにクラシック　平家物語」等）を紹介したり，学校図書館で平家物語コーナーを特設したりして，生徒の興味・関心を喚起できるようにする。）授業の2日前までに提出させ，提出できていない生徒に対しては個別に声をかけるなどして予習に取り組むことを促す。

●第1時

①単元のねらいや進め方をつかみ，学習の見通しをもつ。

・自分が朗読劇の監督になったつもりで，「扇の的」の情景や登場人物の心情を表現する読み方を考えることで内容を解釈していく学習に取り組むことを理解する。

・作品の特徴を生かして朗読して古典の世界に親しむことや，文章を読んで理解したことや考えたことを知識や経験と結び付け，自分の考えを広げたり深めたりする力を身に付けることが単元の学習のねらいであることを理解する。

②平家物語の歴史的背景やあらすじを知る。

・4人程度のグループで，事前に調べてきた内容を伝え合った後，疑問点等を全体で共有するとともに，平家物語が琵琶法師により伝えられ民衆に親しまれた軍記物語であったことなどを教師が補足する。

③冒頭「祇園精舎」の原文を音読する。

・独特の調子とリズム，言葉の響きを読むことで体感して味わう。

・歴史的仮名遣い，七五調，漢語的な表現，助詞の省略，対句的表現に着目させ，読み方を工夫する。

④冒頭部分の現代語訳を読み，平家物語を貫く無常観のイメージをもつ。

・無常観を感じ取りながら，冒頭「祇園精舎」を学級全体で読む。

●第2時

①「扇の的」を読み，朗読劇の監督になり，情景や登場人物の心情を想像して朗読の工夫を考えるという学習の進め方を説明する。

・個人で考え，その後，4人程度のグループになり，意見交換することを伝える。

・グループになって意見交換することは朗読台本を一つにまとめることではなく，他の人の考えを知り，自分の考えを深めたり広げたりすることだと確認する。

②扇の的に至るまでの現代語の文章を読む。

③「扇の的」の原文をCDで聞く。（本単元では，朗読の工夫を考えることに重点を置いているので，教科書の二次元コードで聞くことのできる朗読については，参考にするのはよいが，それをまねすることのないように注意させる。）

④「扇の的」の現代語訳を読み，全体のあらすじを確認する。

⑤歴史的仮名遣いの読み方を確認し，「扇の的」の原文をクラス全体で読む。

⑥与一が扇を射るまでの経緯について現代文を読み，場面の状況や登場人物について押さえる。

⑦全体で音の表現の読み方を考える。

　「ひやうど」「ひいふつと」「ひやうふつと」の擬声語を1人1台端末で調べ，意味や読み方を考える。「ひやうど」は「矢が勢いよく飛ぶ音」。「ひいふつと」は「扇を射切る音」。「ひやうふつと」は「生首を射抜く音」という違いを押さえる。

⑧朗読劇の監督になりきり，情景や登場人物の心情を想像して朗読の工夫を考え，朗読を録音して読み方を考える。

・読むときに平家物語の表現の特徴である，七五調，擬音語の音の表現，擬態語の身振りや様子の表現，漢語的な表現，助詞の省略，色彩表現，対句的表現に着目させ，朗読を工夫する。

⑨与一が扇を射る前のところまでの与一，ナレーター，平家方，源氏方の心情や情景を想像して読み方を朗読台本に書く。

・書き方が分からない生徒にはヒントカードを渡す。

⑩作成した朗読台本をグループで互いに読み合い，説明したり，実際に朗読したりして朗読の工夫を伝えていく。

⑪互いの説明を聞き，共感できたことや疑問に思ったことを伝え合い，新たに気が付いたことや考えた朗読の工夫等を個人の朗読台本に追記する。

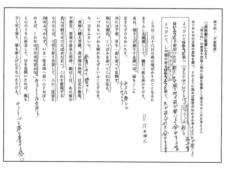

資料1

ヒントカード

●第3時

①前時の振り返りをする。

②（中の部分から終わりの部分）伊勢三郎義盛，ナレーター，平家，源氏の朗読の工夫を考え

る。分からない言葉を端末で調べて考える。

③声に出して朗読し，端末を用いて録音して聞き，読み方をさらに考えていく。

④個人で考えた朗読の工夫をグループで互いに説明したり，実際に朗読したりして朗読の工夫を伝えていく。互いの説明を聞き，共感できたことや疑問に思ったことを伝え合い，新たに気が付いたことや考えた朗読の工夫等を個人の朗読台本に追記する。

・与一が見事に扇を射切り，その扇が夕日に輝く中，春風に舞う場面が擬声語と擬態語を使い，実に見事に描かれていること。また，その後に，舞を舞った平家方の男を義経の命令を受けて射抜く場面は，平家と源氏が共に喝采した扇を射切った場面と対照的に描かれていることを考えさせる。

⑤（中）（終わり）の朗読台本をロイロノートにあげて何グループかが発表する。

⑥発表を聞いた後，個人の朗読台本に追記する。

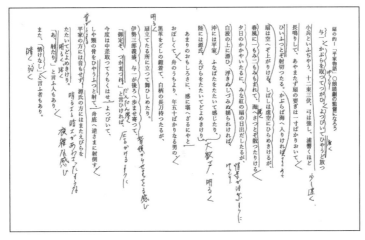

資料2

●第4時

①前時の振り返りをする。

②義経の逸話である弓流しの現代文の部分と原文と現代語訳を読む。

③義経の言葉から，義経が大将や大将の持つ弓についてどう考えているのかを捉える。

④「扇の的」と「義経の弓流し」の登場人物の言動から読み取ったものの見方や考え方について，自らの知識や経験と結び付けて考え，共感したり疑問に思ったりしたことなどをワークシートにまとめ，ワークシートを撮影してロイロノートに全員があげる。

⑤ワークシートをもとにグループで互いに考えたことを伝え合い，自分の考えと他者の考えとを比べて意見交換をすることで，考えを広げたり深めたりする。

⑥最後に，他の生徒の発表等を参考にして「平家物語」の冒頭や今回扱った場面を読んで感じたり考えたりしたことをワークシートに追記する。

（枝村　晶子）

執筆者一覧（執筆順）

田中　洋一	東京女子体育大学名誉教授
鈴木　太郎	文部科学省初等中等教育局教育課程課教科調査官
村上　昭夫	大田区立大森第四中学校
安河内良敬	足立区立千寿桜堤中学校
小林　真弓	あきる野市立御堂中学校
原田　涼子	世田谷区立太子堂中学校
岩井堂雅代	足立区立江南中学校
磯部　博子	府中市立府中第九中学校
鈴木　裕子	元興南学園興南高等学校・興南中学校
佐藤　晶子	北区立王子桜中学校
西塔麻美子	世田谷区立世田谷中学校
鈴木　真己	千代田区立九段中等教育学校
渋谷　正宏	東京女子体育大学
駒田るみ子	墨田区立吾嬬第二中学校
枝村　晶子	日本大学

【監修者紹介】

田中　洋一（たなか　よういち）

東京女子体育大学名誉教授。横浜国立大学大学院修了，専門は国語教育。東京都内公立中学校教諭を経た後，教育委員会で指導主事・指導室長を務め，平成16年より東京女子体育大学教授，令和5年度より現職。この間，中央教育審議会国語専門委員，全国教育課程実施状況調査結果分析委員会副主査，評価規準・評価方法の改善に関する調査研究協力者会議主査などを歴任する。平成20年告示学習指導要領中学校国語作成協力者，光村図書小・中学校教科書編集委員，21世紀国語教育研究会会長。『板書&展開例でよくわかる　指導と評価が見える365日の全授業　中学校国語』（明治図書）他，著書・編著書多数有り。

【編著者紹介】

鈴木　太郎（すずき　たろう）

文部科学省初等中等教育局教育課程課　教科調査官，国立教育政策研究所　教育課程調査官・学力調査官。東京都公立中学校教員を経た後，東京都教育庁指導部で指導主事，統括指導主事を務め，令和4年度より現職。「『指導と評価の一体化』のための学習評価に関する参考資料【中学校国語】」（令和2年3月国立教育政策研究所）の調査研究協力者。

［編集協力者］

熊谷　恵子　　中野区立明和中学校
枝村　晶子　　日本大学

中学校国語科
「個別最適な学び」と「協働的な学び」の
一体的な充実を通じた授業改善　第2学年

2023年8月初版第1刷刊	監修者	田　　中　　洋　　一
	編著者	鈴　　木　　太　　郎
	発行者	藤　　原　　光　　政
	発行所	明治図書出版株式会社

http://www.meijitosho.co.jp
（企画）林　知里（校正）西浦実夏
〒114-0023　　東京都北区滝野川7-46-1
振替00160-5-151318　電話03(5907)6703
ご注文窓口　電話03(5907)6668

＊検印省略　　　　　組版所 株式会社木元省美堂

Printed in Japan　　　　　ISBN978-4-18-367224-7
もれなくクーポンがもらえる！読者アンケートはこちらから

全ての子供たちの可能性を引き出す
授業づくりの在り方を考える

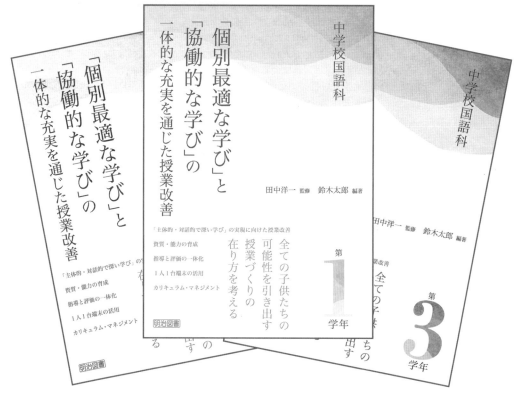

中学校国語科

「個別最適な学び」と「協働的な学び」の一体的な充実を通じた授業改善

田中洋一 監修　鈴木太郎 編著

「主体的・対話的で深い学び」の実現に向けた授業改善
資質・能力の育成
指導と評価の一体化
1人1台端末の活用
カリキュラム・マネジメント

第1学年

第3学年

学習指導要領が示す資質・能力を確実に育成し、生徒一人一人を豊かな学びへと導くためには「個別最適な学び」と「協働的な学び」の一体的な充実を通じた授業改善が欠かせない。ICTを効果的に取り入れながら、領域別に授業づくりの具体を示した。

1章　国語科の授業改善と「個別最適な学び」と
　　　「協働的な学び」の一体的な充実
Ⅰ　教育改革の方向と授業改善
Ⅱ　「個別最適な学び」と「協働的な学び」の
　　一体的な充実を通じた授業改善

2章　「個別最適な学び」と「協働的な学び」の
　　　一体的な充実を通じた授業改善を図るプラン

田中洋一　監修
鈴木太郎　編著

各B5判・128頁
定価2,310円（10%税込）
図書番号 3671-3673

明治図書　携帯・スマートフォンからは　明治図書 ONLINE へ　書籍の検索、注文ができます。▶▶▶

http://www.meijitosho.co.jp ＊併記4桁の図書番号（英数字）でHP、携帯での検索・注文が簡単に行えます。

〒114−0023　東京都北区滝野川 7−46−1　ご注文窓口　TEL 03−5907−6668　FAX 050−3156−2790